GRUNDLAGEN UND PRAXIS DES WIRTSCHAFTSRECHTS

Band 11

Mietrecht

Leitfaden zur Gestaltung und Auslegung
von gewerblichen und privaten Vertragsverhältnissen

Von

Axel Wetekamp

Richter am Amtsgericht

ERICH SCHMIDT VERLAG

Die Deutsche Bibliothek – CIP-Einheitsaufnahme

Wetekamp, Axel:
Mietrecht : Leitfaden zu Gestaltung und Auslegung von gewerblichen und privaten Vertragsverhältnissen / von Axel Wetekamp. – Berlin : Erich Schmidt, 1992
(Grundlagen und Praxis des Wirtschaftsrechts ; Bd. 11)
ISBN 3-503-03354-8
NE: GT

ISBN 3 503 03354 8

Dieses Buch ist auf säurefreiem Papier gedruckt
und entspricht den Frankfurter Forderungen zur Verwendung
alterungsbeständiger Papiere für die Buchherstellung.

Druck: Regensberg, Münster

Vorwort

Das geltende Mietrecht ist sowohl durch eine Fülle von Einzelproblemen als auch durch nahezu unübersehbar viele sich teilweise widersprechende Gerichtsentscheidungen gekennzeichnet. Umso mehr bedarf es eines Werkes wie des vorliegenden Leitfadens, der in leicht zu verstehender und übersichtlicher Form das für die Praxis wichtige Mietrecht in acht Kapiteln behandelt. Auf Zitate und unterschiedliche Rechtsmeinungen wurde weitestgehend zu Gunsten der Verständlichkeit verzichtet, es wurde die für den Praktiker wichtige herrschende Sicht der Probleme des gewerblichen und des Wohnraummietrechts dargestellt.

Nachdem für die neuen Bundesländer aufgrund des Einigungsvertrages teilweise Sonderregelungen gelten, wurden diese, insbesondere nachdem seit Oktober 1991 die Mieterhöhungsverordnungen in kraft sind, in einem eigenen Kapitel ausführlich dargestellt.

Prozessuale Fragen, die in der Praxis eine sehr große Rolle spielen, werden in den meisten Abhandlungen nur am Rande angesprochen. Ihnen ist daher hier ein eigenes Kapitel gewidmet.

München, im Juni 1992 — Der Verfasser

Inhaltsverzeichnis

Abkürzungsverzeichnis

a. A.	anderer Ansicht
Abs.	Absatz
AG	Amtsgericht
AGBG	Gesetz zur Regelung des Rechts der Allgemeinen Geschäftsbedingungen vom 9.12.1976
Anm.	Anmerkung
Art.	Artikel
BayObLG	Bayerisches Oberstes Landesgericht
Betr. KostUV	Verordnung über die Umlage von Betriebskosten auf die Mieter
BGB	Bürgerliches Gesetzbuch
BGH	Bundesgerichtshof
II.BV	II. Berechnungsverordnung i.d.F. vom 5.4.1984
BVerfG	Bundesverfassungsgericht
d. h.	das heißt
DWW	Deutsche Wohnungswirtschaft
Einl.	Einleitung
Erl.	Erläuterung
ff.	folgende
GE	Das Grundeigentum
GG	Grundgesetz
GKG	Gerichtskostengesetz
GVG	Gerichtsverfassungsgesetz
Halbs.	Halbsatz
HeizkostenV	Heizkostenverordnung i.d.F. vom 5.4.1984
h. M	herrschende Meinung
i. V. m.	in Verbindung mit
KG	Kammergericht
LG	Landgericht
MDR	Monatsschrift für Deutsches Recht
MHG	Gesetz zur Regelung der Miethöhe vom 18.12.1974
NJW	Neue Juristische Wochenschrift
Nr.	Nummer
OLG	Oberlandesgericht
Rdn.	Randnummer
Rz.	Randziffer
Rspr.	Rechtsprechung

S.	Seite
str.	streitig
vgl.	vergleiche
WEG	Gesetz über das Wohnungseigentum und Dauerwohnrecht vom 15.3.1951 (Wohnungseigentumsgesetz)
WM	Wohnungswirtschaft und Mietrecht
z. B.	zum Beispiel
ZMR	Zeitschrift für Miet- und Raumrecht
ZPO	Zivilprozeßordnung

1 Der Abschluß des Mietvertrages

1.1 Wohnungsmietvertrag

1.1.1 Formularvertrag und Individualvereinbarung

Grundsätzlich ist im Zivilrecht sowohl der Abschluß als auch die inhaltliche Ausgestaltung eines Vertrages dem Belieben der Parteien überlassen. Der individuell ausgehandelte Vertrag, bei dem von gleichgestellten Vertragspartnern ausgegangen wird, wird jedoch zunehmend durch vorformulierte, standardisierte Formularverträge verdrängt. Derartige Verträge schließen zugunsten des Verwenders des Formulars dispositive Regelungen des geltenden Rechts weitgehend aus. Der – ungeschulte – Partner des Verwenders der Allgemeinen Geschäftsbedingungen ist in der Regel weder in der Lage, die Bedeutung der einzelnen Vertragsbedingungen zu erkennen, noch ihre Tragweite abzuschätzen. Um den Vertragspartner des Verwenders von Allgemeinen Geschäftsbedingungen zu schützen, wurde das „Gesetz zur Regelung des Rechts der Allgemeinen Geschäftsbedingungen (AGB-Gesetz)“ vom 9. 12. 1976 erlassen. **1**

Im Wohnungsmietrecht haben vorformulierte Vertragsbedingungen besondere Bedeutung durch im Handel erhältliche Vertragsformulare und durch von Vermietern einer Vielzahl von Wohnungen selbst erstellte Formulare erhalten. Nachdem jedoch Wohnen ein Grundbedürfnis der Menschen darstellt und in Gebieten besonderer Wohnungsknappheit die Wohnungssuchenden gezwungen sind, sich auf die ihnen gestellten vorformulierten Vertragsbedingungen einzulassen, um eine Wohnung überhaupt anmieten zu können, besteht hier ein besonderes Schutzbedürfnis für den Mieter. **2**

Unwirksam sind AGB-Klauseln, die mit wesentlichen Grundgedanken der gesetzlichen Regelung nicht zu vereinbaren sind oder wesentliche Rechte und Pflichten, die sich aus der Natur des Vertrages ergeben, so einschränken, daß die Erreichung des Vertragszweckes gefährdet ist, § 9 AGBG. **3**

Im Unterschied zur Allgemeinen Geschäftsbedingung versteht man unter Individualvereinbarung eine Vereinbarung, deren Charakteristikum ist, daß sie zwischen den Parteien ausgehandelt worden ist. Dies ist an verschiedenen äußeren Anzeichen zu erkennen, so Veränderungen des **4** geschriebenen Textes bzw. nachträglicher Einschränkung einer vorgeschlagenen Regelung. Individualvereinbarungen sind nicht am AGB-Gesetz zu messen. Hier ist eine stärkere Einschränkung des dispositiven Rechtes möglich, soweit eine Regelung nicht etwa nach § 138 BGB sittenwidrig erscheint. Dies wäre z. B. bei einer vereinbarten Miete der Fall, die die angemessene Miete um mehr als 50 % übersteigt und damit den Tatbestand des Mietwuchers im Sinne des § 302 a StGB erfüllt.

1.1.2 Form des Vertrages

5 Im Zivilrecht können Verträge, die nicht von Gesetzes wegen besonderen Formvorschriften unterliegen, wie z. B. Grundstücksverträge, grundsätzlich mündlich abgeschlossen werden, dies gilt auch für den Mietvertrag. Allein schon, um die getroffenen Regelungen beweisen zu können, werden jedoch auch Mietverträge in der Regel schriftlich abgeschlossen. Werden über bestimmte Punkte keine Regelungen getroffen, tritt an deren Stelle die gesetzliche Regelung des BGB. Zu beachten ist hierbei, daß z.B. das Gesetz nicht vorsieht, daß der Mieter verpflichtet ist, die Kosten von Schönheitsreparaturen in einer Mietwohnung zu tragen oder für diese aufzukommen. Nach §§ 536, 548 BGB ist dies Sache des Vermieters. Zur Überwälzung der Verpflichtung auf den Mieter ist eine besondere Vereinbarung erforderlich.

6 Weiter besteht von Gesetzes wegen z. B. keine Verpflichtung für den Mieter, eine Sicherheitsleistung, also eine Mietkaution, zu erbringen. Weder für gewerbliche Mietverhältnisse noch für Wohnraummietverhältnisse sieht das BGB eine solche Regelung vor. Aber für den Fall einer Vereinbarung regelt § 550 b BGB die Modalitäten der Mietsicherheit bei Wohnraummietverhältnissen.

7 Wenn die Mietvertragsparteien einen Mietvertrag auf bestimmte Zeit abschließen, so bedarf dieser Vertrag, wenn er für längere Zeit als 1 Jahr geschlossen wird, der **Schriftform, § 566 BGB.** Wird diese Form nicht eingehalten, ist der Vertrag deshalb nicht etwa unwirksam, sondern er gilt als für unbestimmte Zeit geschlossen. Er kann in diesem Fall lediglich für den Zeitraum eines Jahres nicht gekündigt werden.

8 Die gesetzliche Schriftform gemäß § 126 BGB bedeutet, daß der Mietvertrag vom Aussteller eigenhändig unterzeichnet wird. Die Schriftform wird durch notarielle Beurkundung ersetzt, § 125 Abs. 3 BGB. Der Vertrag muß von allen Personen, die als Vermieter und von allen Personen, die als Mieter auftreten, unterschrieben werden. Möglich ist natürlich, daß einzelne Mieter sich gegenseitig vertreten, ebenso einzelne Vermieter oder daß der Vermieter sich durch eine Hausverwaltungsfirma vertreten läßt. Die Offenlegung dieser Vertretung in schriftlichen Mietverträgen ist z. B. bei der Vornahme einer Mieterhöhung von Bedeutung, da dann dem Mieter die Vertretung des Vermieters durch eine Hausverwaltungsfirma bereits bekannt ist und er sich nicht darauf berufen kann, daß das Mieterhöhungsverlangen wegen mangelnder nachgewiesener Vertretung unwirksam ist. Zu beachten ist allerdings, daß teilweise auch in diesen Fällen die Vorlage einer schriftlichen, zur Durchführung eines Mieterhöhungsverlangens berechtigenden Vollmacht verlangt wird.

Schriftliche Mietverträge enthalten üblicherweise die Klausel, daß nachträgliche Änderungen und Ergänzungen dieses Vertrages schriftlich erfolgen müssen.

1.1.3 Übergabe der Wohnung

9 Nach § 535 BGB wird der Vermieter durch den Mietvertrag verpflichtet, dem Mieter den Gebrauch der vermieteten Sache während der Mietzeit zu gewähren. Als Gegenleistung entrichtet der Mieter den vereinbarten Mietzins. Nach § 536 BGB hat der Vermieter die vermietete Sache dem Mieter in einem zu dem vertragsmäßigen Gebrauche geeigneten Zustande zu überlassen und sie während der Mietzeit in diesem Zustande zu erhalten. Die Übergabe der Wohnung ist also ein entscheidender Zeitpunkt, insbesondere für den Beginn der Mietzahlung und für die spätere Geltendmachung von Mängeln der Mietwohnung. Falls die Parteien nicht ausdrücklich etwas anderes vereinbart haben, ist der im Mietvertrag festgesetzte Beginn des Mietverhältnisses gleichzeitig der Zeitpunkt, ab dem die Mietzinszahlungen zu entrichten sind. Andererseits entbindet den Mieter allein der Umstand, daß er trotz laufenden Mietvertrags die Mietwohnung nicht nutzt, nicht von der Mietzinszahlung, § 552 BGB. In diesem Fall muß sich der Vermieter lediglich ersparte Aufwendungen, z. B. für Betriebskosten, anrechnen lassen.

Eine ausführliche Besichtigung der Mietwohnung und ggf. die Anfertigung eines Übergabeprotokolls und einer Wohnungsbeschreibung ist aus Beweisgründen von großer Bedeutung. Kennt nämlich der Mieter bei dem Abschluß des Vertrages einen Mangel der gemieteten Sache, so kann er später sich nicht auf Minderung des Mietzinses nach §§ 537, 538 BGB berufen, § 539 BGB. Diese Rechte des Mieters sind nach § 539 Abs. 2 BGB sogar in dem Fall eingeschränkt, in dem er nur infolge grober Fahrlässigkeit eine Mietsache trotz Bestehen eines Mangels beim

Abschluß des Vertrages entgegennimmt. Dies bedeutet natürlich nicht, daß der Mieter nicht berechtigt wäre, auch zu einem späteren Zeitpunkt vom Vermieter gemäß § 536 BGB die Reparatur eines Schadens an der Mietwohnung, z. B. schadhafte und unebene Böden, zu verlangen. Der Mieter hat aber durch die Übernahme der Wohnung in Kenntnis des Mangels zu erkennen gegeben, daß er den Mietzins für die Wohnung trotz Bestehens des Mangels für angemessen hält. Etwas anderes kann nur dann gelten, wenn der Mieter die Mietwohnung nur unter Vorbehalt mit dem bestehenden Mangel entgegennimmt. Dann verbleiben ihm die Rechte nach §§ 537, 538 BGB. Ein solcher Vorbehalt ist zweckmäßigerweise in einer Wohnungsbeschreibung oder einem Übergabeprotokoll zu vermerken.

10 Ein weiterer Grund, der dafür spricht, den Wohnungszustand bei der Übergabe festzuhalten, ist, Streit über die Durchführung von Reparaturen beim Auszug des Mieters zu vermeiden. Dies betrifft nicht nur echte Schäden, z. B. gesprungene Fensterscheiben und Fensterbretter, beschädigte Türblätter und Fußböden. Hier muß der Mieter verhindern, daß durch den Vermieter beim Auszug geltend gemacht wird, daß der Mieter während seiner Mietzeit diesen Schaden schuldhaft verursacht hat. Betroffen ist aber auch die Frage der Durchführung von Schönheitsreparaturen, insbesondere bei kurzer Mietzeit. Wird dem Mieter eine Wohnung in abgewohntem Zustand übergeben und hat er sich nicht ausdrücklich durch Individualvereinbarung verpflichtet, die Wohnung bei seinem Einzug oder bei seinem Auszug zu renovieren, kann von ihm bei kurzer Mietdauer, also zu einem Zeitpunkt, zu dem die üblichen Fristen eines Fristenplanes noch nicht abgelaufen sind, eine Renovierung nicht verlangt werden. Ein derartiger abgewohnter Zustand ist daher vorsorglich in einem Übergabeprotokoll festzuhalten.

11 Soweit dies in Betracht kommt, ist die Übergabe der Mietwohnung auch der richtige Zeitpunkt, in den Mietvertrag spezielle Regelungen über Sondernutzungswünsche des Mieters, z. B. teilgewerbliche Nutzung oder Untervermietung aufzunehmen, sowie, soweit dies in Betracht kommt, Regelungen über die Benutzung von Nebenräumen, z.B. Hobbyräume und Waschküche, zu treffen. In den meisten Fällen werden derartige Benutzungsregelungen allerdings von seiten des Vermieters durch Formularvertrag, nämlich eine dem Mietvertrag beigefügte Hausordnung geregelt. Im schriftlichen Mietvertrag muß allerdings dann eine Bezugnahme auf die Hausordnung enthalten sein, um sie zum Gegenstand der vertraglichen Vereinbarung zu machen.

Sind besondere Gegebenheiten vorhanden, so ein Garten, der mitvermietet ist, enthalten vorgedruckte Hausordnungen in aller Regel keine ausreichenden Vorschriften über Gartennutzung und Gartenpflege. Hier müssen sich Mieter und Vermieter bei der Übergabe der Wohnung und dem Abschluß des Mietvertrages darüber klar werden, welche Art der Gartenpflege und Gartennutzung sie vereinbaren wollen. Ist zwischen den Parteien lediglich allgemein z. B. „Gartenpflege" vereinbart, so ist dieser Begriff auslegungsfähig. Gartenpflege kann sowohl in Form eines naturbelassenen Gartens, als auch eines Ziergartens mit intensiver Bearbeitung erfolgen. **12**

Bezieht der Mieter einen Neubau, so sind vorhandene und noch zu erwartende Einschränkungen der Nutzungsmöglichkeit, z. B. durch nicht vorhandene oder nicht fertiggestellte Außenanlagen oder erschwerte Zufahrt sowie die Notwendigkeit verstärkten Heizens und Lüftens infolge der Neubaufeuchtigkeit zweckmäßigerweise im Mietvertrag festzuhalten. Entstehen später Schäden infolge der Neubaufeuchtigkeit und durch zu geringes Heizen und Lüften, ist bei erfolgter Aufnahme der Notwendigkeit des verstärkten Heizens und Lüftens in den Mietvertrag, eine Minderung des Mietzinses ausgeschlossen. Es kommt sogar ein Schadensersatzanspruch des Vermieters insoweit in Betracht. **13**

1.1.4 Mehrheit von Mietern und Vermietern

Mieter kann nur sein, wer den Mietvertrag mitunterschrieben hat oder wer beim Abschluß des Vertrages durch einen anderen Unterzeichner des Vertrages mitvertreten worden ist. Wer als Mieter den Mietvertrag unterschreibt, haftet für die Erfüllung aller Mieterpflichten, insbesondere die Mietzahlungspflicht. Dies ist vor allem wichtig bei Ehepartnern, bei denen auch im Falle der Trennung und des Auszugs eines der Partner dieser für die Erfüllung der Mieterverpflichtungen solange mithaftet, bis er aus dem Vertrag entlassen worden ist. Zieht ein Ehepaar in eine Mietwohnung und unterschreibt lediglich einer der Ehepartner den Mietvertrag und ist auch keine Vertretungsregelung enthalten, so wird nur dieser Ehepartner Mietvertragspartei. Der andere Ehepartner hat jedoch ein Mitbenutzungsrecht. Der Vermieter kann nämlich die Aufnahme eines Ehepartners in die Mietwohnung nicht untersagen, es sei denn, daß hierdurch eine Überbelegung der Wohnung eintreten würde. Dies kann jedoch nur bei sehr kleinen Appartements angenommen werden. **14**

Treten mehrere Personen als Hauptmieter auf, so kann das Mietverhältnis durch den Vermieter bei Vorliegen von Kündigungsgründen auch nur **15** einheitlich gekündigt werden. Eine Kündigung gegenüber einzelnen Mietern, die zusammen mit anderen eine Mietwohnung gemietet haben, ist nicht möglich. Falls ein Kündigungsgrund aber nur bei einem Teil der Mieter verwirklicht ist, kann der Vermieter nach Treu und Glauben verpflichtet sein, dem oder den vertragstreuen Mitmietern den Abschluß eines Mietvertrags zu den bisherigen Bedingungen anzubieten.

Mehrere Vermieter müssen bei Kündigung oder Mieterhöhung, sowie der Abgabe anderer Willenserklärungen entweder ebenfalls gemeinschaftlich handeln oder einzelne in Vollmacht.

16 Als Sonderfall einer Mehrheit von Mietern sind die **Wohngemeinschaften** anzusprechen. Unter Wohngemeinschaften versteht man Mietverhältnisse, bei denen entweder mehrere Personen gegenüber dem Vermieter als Hauptmieter auftreten oder eine oder mehrere Personen als Hauptmieter, während andere Personen, denen der Gebrauch der Mietwohnung ebenfalls überlassen worden ist, entweder formell Untermieter sind oder ihnen jedenfalls von dem oder den Hauptmietern der Mitgebrauch überlassen worden ist.

17 Als weitere Definition gilt, daß Wohngemeinschaften in der Regel von vorne herein die Auswechslung einzelner Mitglieder auf Mieterseite beinhalten. Mietet eine Wohngemeinschaft, die sich gegenüber dem Vermieter als solche zu erkennen gibt, eine Mietwohnung an, so ist auch ohne ausdrückliche Regelung Vertragsinhalt, daß einzelne Mitglieder die Entlassung aus dem Vertrag verlangen können und von der Wohngemeinschaft genannte, zumutbare Personen vom Vermieter als neue Mitglieder der Wohngemeinschaft und Mieter aufzunehmen sind. Allerdings darf dem Vermieter der Einwand der Unzumutbarkeit gegenüber einem neu aufzunehmenden Mitglied nicht abgeschnitten werden. Ist vereinbart, daß die Wohngemeinschaft eine bestimmte Zahl von Mitgliedern umfaßt, darf diese durch Auswechslung von Mitgliedern nicht überschritten werden. Für die Kündigung des Mietverhältnisses gilt das oben bei einer Mehrheit von Mietern allgemein Ausgeführte.

Will die Wohngemeinschaft selbst das Mietverhältnis kündigen, so ist eine Kündigung aller Mitglieder, die Hauptmieter sind, gegenüber dem Vermieter erforderlich.

1.2 Gewerblicher Mietvertrag

1.2.1 Unterscheidung Wohnraum- Gewerberaummietvertrag, Mischmietverhältnisse

18 Der Abschluß eines gewerblichen Mietvertrages unterscheidet sich erheblich vom Abschluß eines Wohnraummietvertrages. Während bei Wohnraummietverträgen die Vertragsfreiheit durch eine Reihe von Gesetzen eingeschränkt ist, insbesondere was die Mieterhöhung und die Kündigung des Mietverhältnisses anbelangt, und dies auch bei der Gestaltung des Mietvertrages berücksichtigt werden muß, bestehen derartige Einschränkungen bei Geschäftsraummietverträgen nicht. Andererseits sind beim Abschluß eines Geschäftsraummietvertrages andere Umstände, die einer Regelung bedürfen, zu bedenken, so die Definition des vertragsgemäßen Gebrauchs der Mietsache, die Formulierung von Preisgleitklauseln, ggf. die Vereinbarung einer Mietoption u.ä.

Zu klären ist zunächst die Unterscheidung zwischen Wohnraum- und Geschäftsraummiete, weiter die Behandlung von Mischmietverhältnissen. Die Definition des Gewerberaummietverhältnisses kann zunächst negativ in der Form erfolgen, daß Gewerberaummietverhältnisse alle Mietverhältnisse über Räume sind, die nicht zu Wohnzwecken verwendet werden. Ansonsten sind Gewerberäume im engeren Sinne Räume, in denen einer beruflichen Tätigkeit nachgegangen wird. Hierbei muß es sich nicht um ein Gewerbe im gewerberechtlichen Sinne handeln. Problematisch sind Mischmietverhältnisse, bei denen die Einordnung als Wohnraum oder als Gewerberaum nicht eindeutig möglich ist. Hier ist zunächst auf die vertragliche Vereinbarung abzustellen, inwieweit sich aus dieser ergibt, daß die Räume zum Zwecke des Wohnens oder zum Zwecke des Gewerbes überlassen worden sind. Die Bezeichnung kann jedoch dann nicht ausschlaggebend sein, wenn sich der zumindest überwiegende Nutzungszweck aus den Umständen ergibt. Ergibt sich z. B. der Wohnzweck eindeutig aus den Umständen, z. B. Bewohnen der Räume durch eine Familie, so ist das Mietverhältnis den für Wohnräume geltenden Bestimmungen zu unterstellen, auch wenn es als gewerbliches Mietverhältnis im Vertrag bezeichnet ist. Es könnte sonst durch den Willen zumindest einer Vertragspartei den Schutzbestimmungen des sozialen Mietrechts entzogen werden. Ergibt sich der Verwendungszweck der Räume nicht eindeutig, so ist auf die überwiegende Nutzungsart abzustellen. Hier sind insbesondere die Flächenverhältnisse heranzuziehen. Handelt es sich z. B. um ein Einzelhandelsgeschäft, dem ein Aufenthaltsraum angegliedert ist, der auch zu Wohnzwecken genutzt wird, der jedoch im Verhältnis zu den gewerblich genutzten Räumen nur 1/3 der Fläche ausmacht, so ist das Mietverhältnis als gewerbliches Mietverhältnis zu behandeln. Ob Räume nach gesundheits- oder baupolizeilichen Kriterien zum Wohnen geeignet sind, ob hierfür eine Genehmigung vorliegt oder die Wohnungsnutzung untersagt ist, ist nicht erheblich. Es kommt lediglich auf die tatsächliche Nutzungsart an. Als Sonderfälle sind anzuführen:

- Werden Räume zum Zweck der Weitervermietung angemietet, so handelt es sich bei dem Mietverhältnis zwischen Vermieter und Zwischenvermieter um ein gewerbliches Mietverhältnis.
- Pflegeheime und Wohnheime sind als Wohnraum zu behandeln, falls der Zweck der Wohnraumüberlassung überwiegt.
- Handelt es sich jedoch überwiegend um ein krankenhausähnliches Pflegeverhältnis, so sind die Räume gewerblich genutzt.
- Räume, die von Firmen oder Behörden zu Wohnzwecken für ihre Betriebsangehörigen angemietet werden, sind als Wohnraum zu behandeln.

1.2.2 Grundsatz der Vertragsfreiheit

19 Wie bereits festgestellt gilt bei Geschäftsraummietverhältnissen der Grundsatz der Vertragsfreiheit, d. h. Bestimmungen, die dem Schutz des Wohnraummieters dienen, sind entweder nicht anwendbar oder können abbedungen werden. Anwendbar sind die grundlegenden Bestimmungen des Mietrechts der §§ 535, 536 BGB über die Überlassung der Mieträume und die Mietzinszahlung, sowie die Pflicht des Vermieters, die Mietsache in vertragsmäßigem Zustand zu erhalten. Weiter sind die Regelungen über Heiz- und Betriebskosten und deren Abrechnung anzuwenden, wobei der Katalog der Betriebskosten über das bei Wohnraummietverhältnissen Zulässige hinaus erweitert werden kann. Die Regelungen über Schönheitsreparaturen, die Regelungen über die fristlose Kündigung sind gleichfalls anwendbar.

20 Grundsätzlich nicht anwendbar auf Gewerberaummietverhältnisse ist das Gesetz zur Regelung der Miethöhe, weiter die Bestimmungen über die ordentliche Kündigung nach § 564 b BGB und die Sozialklausel der §§ 556 a–c BGB. Es bleibt den Parteien des Gewerberaummietvertrages jedoch unbenommen, entsprechende Regelungen in dem Gewerberaummietvertrag zu vereinbaren.

1.2.3 Besonderer Inhalt des Gewerberaummietvertrages

21 Wie der Wohnungsmietvertrag, enthält auch der Gewerberaummietvertrag die Beschreibung der Mietsache. Besonderer Wert ist bei Gewerberaummietverträgen jedoch auf die Definition des vertragsgemäßen Gebrauchs zu legen. Es sollte sich also aus dem Mietvertrag ergeben, zum Betrieb welchen Gewerbes die Mieträume gedacht sind, bzw. welcher vertragsmäßige Gebrauch vorgesehen ist. Nur so kann der Vermieter vermeiden, daß der Mieter die Räume im Rahmen einer zu weit gefaßten Formulierung völlig anders nutzt, als dies in seinem Interesse steht. Bei Vermietung von für ein Ladengeschäft geeigneten Räumen sollte näher definiert werden, welche Art von Waren gehandelt werden, bei Vermietung von Büroräumen sollte die Art des Geschäftsbetriebes näher beschrieben werden. Um so mehr gilt dies bei Vermietung von z. B. für Gaststätten geeigneten Räumen. Hier zeigt sich, daß die genaue Festlegung auch insoweit im Interesse der Vertragsparteien ist, als die Räume auch den Anforderungen des betreffenden Gewerbes entsprechen müssen. Werden z. B. Räume vermietet, in denen durch den gewerblichen Mieter schwere Maschinen aufgestellt werden, müssen die statischen Voraussetzungen gegeben sein, die eine entsprechende Deckenbelastung ermöglichen. Ebenso müssen die entsprechenden elektrischen Anschlüsse vorhanden sein bzw. installiert werden können. Derartige Voraussetzungen müssen, soweit das Gewerbe, das in den Mieträumen ausgeübt werden soll, bezeichnet ist, nicht ausdrücklich erwähnt werden, der Mieter hat insoweit ohne weiteres einen Anspruch.

22 Soweit besondere Auflagen bei der Führung des Betriebes in Betracht kommen, sind diese ebenfalls in den Mietvertrag aufzunehmen. Ebenfalls ist es sinnvoll, eine **Konkurrenzschutzklausel** in den Vertrag aufzunehmen. Dies bedeutet, daß der Vermieter sich verpflichtet, in dem Anwesen nicht an Mieter zu vermieten, die hinsichtlich ihres Gewerbes mit den bereits vorhandenen Mietern unmittelbar in Konkurrenz treten.

23 Nachdem zur Nutzung gewerblicher Räume je nach dem, um welche Art von Gewerbe es sich handelt, auch möglicherweise die Bereitstellung von Werbeflächen bzw. die gewerbliche Nutzung der Außenflächen der Räume gehört, sollte diese Frage im Mietvertrag geregelt werden. Für die Anbringung von Schildern, Reklameschriften u. ä. sollte gemäß vertraglicher Vereinbarung die Zustimmung des Vermieters erforderlich sein.

Zu den Fragen: Regelung der Mieterhöhung und Kündigung des gewerblichen Mietverhältnisses werden Ausführungen unter Ziffer 4. (Mieterhöhung und Mietminderung) und Ziffer 8. (Beendigung des Mietverhältnisses) gemacht.

2 Einzelprobleme des Mietgebrauchs

2.1 Allgemeine Rechte und Pflichten der Parteien bei Wohn- und Gewerberaummietverhältnissen

24 Die allgemeinen Rechte und Verpflichtungen der Vertragsparteien unterscheiden sich in Hinblick auf die besondere Zielrichtung des Gewerberaummietvertrages und des Wohnraummietvertrages. Beim Wohnraummietvertrag bestehen über die gesetzlich geregelten Hauptverpflichtungen der §§ 535, 536 BGB hinaus Nebenverpflichtungen von Mieter und Vermieter. Die Nebenverpflichtungen des Mieters ergeben sich in der Regel aus einer Hausordnung, die dem Mietvertragsformular beiliegt und durch eine besondere Klausel des Mietvertrages in diesen einbezogen ist. Sie umfaßt Regelungen, die den Gebrauch der gemieteten Räume und die Nutzung der gemeinschaftlichen Einrichtungen betreffen. Inhalt der Hausordnung ist das Zusammenleben der Mieter untereinander, die Regelung der Benutzung gemeinschaftlicher Einrichtungen des Anwesens, wie z. B. Grünanlagen, Gemeinschaftskeller, Schwimmbad, Trockenspeicher, Waschküchen. Weiter z. B. Regelungen über Treppenhausreinigung und Tierhaltung in Wohnungen (vgl. unten 2.2.).

25 Verstöße gegen die Hausordnung können Sanktionen seitens des Vermieters nach sich ziehen, jedoch ist in jedem Fall, außer bei ernstlicher Erfüllungsverweigerung und der Notwendigkeit sofortigen Handelns eine Abmahnung erforderlich. Falls die Abmahnung erfolglos bleibt, kommt die Beseitigungs- oder Unterlassungsklage oder bei schweren Verstößen auch die fristlose Kündigung nach den §§ 550, 553, 554 a, 564 b Abs. 2 Nr. 1 BGB in Betracht. Eine Kündigung des Mietverhältnisses wegen Hausordnungsverstößen kommt jedoch nur in Ausnahmefällen bei besonders schwerwiegenden oder einer massiven Häufung von Verstößen in Betracht.

26 Was den Vermieter von Mietwohnungen anbelangt, so hat er gegenüber dem Mieter über die Grundverpflichtungen, die sich aus den §§ 535, 536 BGB ergeben, also Gewährung des Gebrauchs der vermieteten Sache während der Mietzeit und Überlassung und Erhaltung in vertragsgemäßem Zustand, weitere Verpflichtungen allgemeiner Art, die zum Teil ausführlicher Erörterung bedürfen, so die Frage der Genehmigung der Tierhaltung (unten 2.2.), Genehmigung der Untervermietung (unten 2.4.),

Regelung der Besichtigung der Räume (unten 2.3.). Der Vermieter ist u. a. verpflichtet, dem Mieter den Gebrauch moderner Haushaltsgeräte, also der üblichen Haushaltsmaschinen, wie Waschmaschinen, Geschirrspülmaschinen und Wäschetrockner sowie elektrischer Herde und Küchenmaschinen zu gestatten. Dies gilt lediglich dann nicht, wenn ein Anschluß für derartige Geräte nicht vorhanden ist und auch bei normalem Aufwand nicht herzustellen ist. Der Vermieter muß auch die Beheizung der Mietwohnung sicherstellen, wobei ein Ausschluß der Beheizung außerhalb der Heizperiode durch Formularvertrag und wohl auch durch Individualvereinbarung nicht möglich ist, da in jedem Fall die Mietwohnung in ordnungsgemäßem Zustand zur Verfügung gestellt werden muß. Hierzu gehört aber eine zum Wohnen geeignete Raumtemperatur.

27 Bei gewerblichen Mietverhältnissen können Einzelheiten des Mietgebrauchs ebenfalls durch eine Hausordnung geregelt werden. Das Schwergewicht der gegenseitigen Rechte und Pflichten liegt jedoch auf anderen Gebieten wie bei Wohnraummietverträgen. Wichtig ist hier, daß der gewerbliche Mieter ein der Umgebung angemessenes äußeres Erscheinungsbild seines gewerblichen Betriebes einhält. Dies gilt auch dann, wenn eine ausdrückliche vertragliche Regelung, die eine Beeinträchtigung des Gesamtbildes der umliegenden Geschäftsräume des Anwesens ausschließt, nicht vorliegt. Weiter kann eine Verpflichtung des Mieters, die Geschäftsräume zumindest in angemessenem Umfang offen zu halten, im Vertrag enthalten sein. Auch hier ist die Auswirkung auf angrenzende Geschäftsbetriebe durch ein ständig geschlossenes Geschäft von Bedeutung. Dies gilt natürlich vor allem für Einzelhandelsgeschäfte mit Auslagen, nicht aber für büromäßige Betriebe. Die Durchsetzung der Verpflichtung des Mieters, die Mieträume in Benützung zu nehmen und den Geschäftsbetrieb offen zu halten, kann z. B. durch Androhung einer Konventionalstrafe erfolgen.

2.2 Tierhaltung in Mietwohnungen

28 Nachdem die Fragen der Tierhaltung in Mietwohnungen zu einer Reihe divergierender Gerichtsentscheidungen geführt haben und im Rahmen der Einzelprobleme des Mietgebrauchs eine bedeutende Rolle spielen, seien sie besonders erwähnt. Naturgemäß spielen Fragen der Tierhaltung bei gewerblich vermieteten Räumen keine oder eine untergeordnete Rolle. Etwas anderes gilt dann, wenn die Tierhaltung mit der Ausübung des jeweiligen Gewerbes in Zusammenhang steht. In diesem Fall wird aber Art und Umfang der Tierhaltung jedenfalls im Vertrag zu regeln sein.

Nachdem zur Gebrauchsgewährungspflicht des Vermieters einer Mietwohnung es gehört, dem Mieter entweder nach Maßgabe des Mietvertrages oder nach allgemeinen von der Rechtsprechung entwickelten Grundsätzen die Haltung von Haustieren zu gestatten, gilt zunächst, daß unabhängig von der vertraglichen Regelung die sog. „Kleintierhaltung", worunter man die Haltung von Kleintieren wie Hamster, Wellensittiche, Fische versteht, nicht verboten werden kann. Auch hier gilt natürlich das Übermaßverbot, z. B. bei der Aufstellung mehrerer großer Fischbassins in einem Appartement oder die Haltung zahlreicher Wellensittiche oder Kanarienvögel in einer Kleinwohnung. Die Grenze ist dann erreicht, wenn Geräusch- und Geruchseinwirkungen über den Bereich der Mietwohnung hinaus auftreten können oder die Räume selbst Schaden erleiden können, z. B. durch die Feuchtigkeit, die große Fischbassins absondern. **29**

Darüber hinaus ist die Haltung üblicher Haustiere, wie Hunde und Katzen in Form jeweils eines Tieres zulässig, soweit von seiten des jeweiligen Tieres keine Beeinträchtigung anderer Mieter oder erhebliche Sachschäden ausgehen. **30**

Es ergibt sich somit, daß ein völliges Verbot der Tierhaltung jedenfalls in einem Formularmietvertrag bereits nach § 9 Abs. 1 AGBG nicht möglich ist, da es sich um eine unbillige Klausel handelt. Möglich ist jedoch eine auch formularvertraglich getroffene Vereinbarung, nach der die Tierhaltung zustimmungs- oder genehmigungsbedürftig ist. Ob der Vermieter die Zustimmung zur Haltung eines Tieres erteilt, liegt in seinem Ermessen. Es kann mietvertraglich vereinbart werden, daß die Zustimmung zur Tierhaltung schriftlich erfolgen muß. Die Grenze des Ermessens bildet der Einwand des Rechtsmißbrauchs. Rechtsmißbräuchlich handelt der Vermieter, der nicht eine Interessenabwägung der Gründe, die für und gegen die Tierhaltung sprechen, vornimmt. Für oder gegen die Tierhaltung sprechen folgende Umstände: Die Art des zu haltenden Tieres, die Zahl der Tiere, die gehalten werden sollen, die Größe der Mietwohnung, Art und Größe des Miethauses und der Außenfläche, Anzahl und Art der derzeit im Haus gehaltenen Tiere, Altersstruktur der Hausbewohner (ältere Menschen, Familien mit Kindern, etc.), besondere Bedürfnissituationen beim Mieter (z. B. Blindenhund, Schutzhund), Verhalten des Vermieters in anderen Tierhaltungsfällen sowie Hinnahme der Tierhaltung über einen längeren Zeitraum trotz Kenntnis. **31**

32 Aus all dem ergibt sich, daß eine allgemein gültige Aussage darüber, wie das Ermessen des Vermieters ausgeübt werden muß, nicht getroffen werden kann. Fest steht allerdings, daß das Halten größerer exotischer Tiere, wie z. B. großer Schlangen, in jedem Fall untersagt werden kann.

33 Als Sonderfall sei die Möglichkeit einer Individualvereinbarung erwähnt, die dahin geht, daß eine bestimmte Tierart gehalten werden kann, z. B. Halten eines Hundes. In diesem Fall ist ohne besondere Genehmigung das Halten einer Katze als ein Weniger ebenfalls mit umfaßt, nicht aber umgekehrt, wenn z. B. das Halten einer Katze ausdrücklich gestattet ist, das Halten eines Hundes. Der Austausch eines genehmigten Tieres durch ein anderes gleichartiges ist selbstverständlich zulässig, ein gleichartiges Tier liegt dann nicht vor, wenn z. B. ein Dackel durch einen Schäferhund ersetzt werden soll.

34 Im Falle der zulässigen Verweigerung der Genehmigung der Tierhaltung kann der Vermieter auf Unterlassung bzw. auf Beseitigung eines gehaltenen Tieres klagen. Vorausgehen muß in jedem Fall eine Abmahnung, der eine angemessene Wartezeit folgen muß. Erst dann, wenn der Mieter nach Ablauf der Wartefrist ein etwa gehaltenes Tier nicht entfernt, kann Klage erhoben werden. Wird trotz Abmahnung dann über längere Zeit nicht gehandelt, kann der Klageanspruch verwirkt sein. Eine Kündigung des Mietverhältnisses kommt wegen unzulässiger Tierhaltung grundsätzlich nicht in Betracht, da hier für den Vermieter die weniger einschneidende Klagemöglichkeit auf Unterlassung gegeben ist.

2.3 Besichtigung der gemieteten Räume durch den Vermieter

35 Obwohl auch ohne ausdrückliche vertragliche Regelung ein Betretungsrecht der gemieteten Räume durch den Vermieter in angemessenen Abständen ermöglicht sein muß, insoweit wäre der Anspruch auf allgmeine Grundsätze zu stützen, wird in der Regel, auch um die vertraglichen Modalitäten näher zu bestimmen, eine vertragliche Regelung getroffen. Diese ist auch in den gängigen vorgedruckten Vertragsformularen enthalten.

Ein Unterschied der Regelung zwischen gewerblichen und Wohnraummietverträgen besteht nicht, jedoch finden sich in gewerblichen Formularmietverträgen oft weitergehende Betretungsregelungen als in Wohnraummietverträgen. Auch ist die Rechtsprechung geneigt, zugunsten des Wohnraummieters das Betretungsrecht des Vermieters einschränkend zu beurteilen.

Folgende Grundsätze lassen sich aufstellen: **36**

- Eine Besichtigung der gemieteten Räume bedarf der vorherigen Ankündigung. Diese kann nur dann unterbleiben, wenn ein Notfall den sofortigen Zutritt durch den Vermieter verlangt, der diesen Zutritt im Notfall auch eigenmächtig durchsetzen kann. Notfälle liegen z. B. bei Strom-, Wasser- oder Feuerschäden vor.
- Ein vertragliches Besichtigungsrecht durch den Vermieter muß vorsehen, daß eine Besichtigung nur in angemessenen Abständen zulässig ist. Dies gilt auch dann, wenn eine ausdrückliche vertragliche Regelung in dieser Hinsicht nicht erfolgt ist.
- Geht es um die allgemeine Feststellung des Zustandes der Räume, so muß der Mieter die Besichtigung etwa alle ein bis zwei Jahre dulden. Formularmietverträge sehen in der Regel die Klausel vor, daß der Mieter oder ein von diesem Beauftragter die Mieträume betreten darf, um die Notwendigkeit unaufschiebbarer Hausarbeiten festzustellen.
- Etwas anderes gilt bei gekündigten Mietverhältnissen oder der Absicht des Vermieters, das Anwesen zu verkaufen. Hier ist eine Besichtigung auch in kürzeren Abständen zulässig. Verträge sehen üblicherweise die Regelung vor, daß in diesem Fall der Vermieter zusammen mit Kaufinteressenten die Räume an Werktagen zu bestimmten Zeiten betreten darf. Es muß sich hierbei um übliche Tageszeiten, also etwa zwischen 9.00 Uhr und 16.00 Uhr handeln. Ein Betretungsrecht am frühen Morgen oder späten Abend ist, außer im Notfall, nicht wirksam zu vereinbaren.
- Ungerechtfertigte Besichtigungsversuche des Vermieters, die nicht oder nicht rechtzeitig angekündigt sind, bei denen kein Notfall besteht und die zur Unzeit erfolgen, kann der Mieter verweigern. Betritt der Vermieter, der ohne Zustimmung des Mieters im Besitz eines Wohnungsschlüssels ist, bzw. der sich nicht an eine mit dem Mieter getroffene Absprache hält, wiederholt ohne Einwilligung des Mieters die Räume, so kann der Mieter entweder auf Unterlassung der Besitzstörung klagen, oder im Wege der Selbsthilfe dem Vermieter den Zutritt etwa durch Einbau eines neuen Türschlosses verwehren.
- Verweigert der Mieter eine gerechtfertigte Besichtigung der Räume durch den Vermieter, so muß der Vermieter auf Duldung der Besichtigung klagen. In Notfällen kann jedoch ein sofortiges Betreten ohne Einschaltung der Gerichte oder Rücksprache mit dem nicht erreichbaren Mieter erforderlich sein. Besteht dieser Grad der Eilbedürftigkeit **37**

nicht, kommt der Antrag auf Erlaß einer einstweiligen Verfügung in Betracht.

2.4 Untervermietung bei Wohn- und Gewerberäumen

38 Sowohl für Wohn- als auch für Gewerberäume gilt der Grundsatz des § 549 Abs. 1 BGB, wonach der Mieter ohne die Erlaubnis des Vermieters nicht berechtigt ist, den Gebrauch der Mieträume einem Dritten zu überlassen, insbesondere die Räume weiterzuvermieten. Lediglich für Wohnraum besteht durch § 549 Abs. 2 BGB eine Ausnahme dahin, daß der Mieter vom Vermieter bei Vorliegen eines berechtigten Interesses die Erlaubnis zur Gebrauchsüberlassung eines Teiles der Räume verlangen kann. Diese Bestimmung ist nach § 549 Abs. 2 Satz 3 BGB zwingend, das heißt, es kann nichts anderes vereinbart werden. Wie § 549 Abs. 1 Satz 1 BGB zeigt, spricht das Gesetz nicht von „Untermiete", sondern von Gebrauchsüberlassung. Gebrauchsüberlassung liegt stets auch vor, wenn der Mieter seiner Familie, also Ehepartner und Kindern den Mitgebrauch an der allein von ihm angemieteten Mietwohnung überläßt, weiter, wenn der Mieter vorübergehend Besucher in die Wohnung aufnimmt oder einen Lebenspartner.

Bei gewerblichen Mietverhältnissen wird es sich in der Regel um einen Normalfall der Untervermietung, also die Gebrauchsüberlassung gegen Entgelt, handeln.

39 Die Gebrauchsüberlassung an Ehepartner und Kinder ist ohne weiteres zulässig, der Wohnungsmieter braucht hierfür keinerlei Erlaubnis des Vermieters. Etwas anderes gilt lediglich dann, wenn der Mieter die Mieträume zunächst allein bezogen hat und durch die Vergrößerung seiner Familie eine Überbelegung der Räume eintritt. In diesem Fall kann sogar ein Grund für die fristlose Kündigung des Mietverhältnisses gegeben sein. Dasselbe gilt auch für die Aufnahme eines Lebensgefährten in eine Mietwohnung, mit dem der Mieter eine auf Dauer angelegte Wohngemeinschaft begründen will. Auch hier kann der Vermieter lediglich eine Überbelegung der Wohnung geltend machen.

40 Zu beachten ist, daß Verwandte, die nicht Kinder des Mieters sind, nicht ohne weiteres in eine Mietwohnung aufgenommen werden dürfen. Die Frage einer Aufnahme von Geschwistern des Mieters ist nach § 549 BGB zu beurteilen, der Mieter benötigt also für eine Gebrauchsüberlassung an sie die Erlaubnis des Vermieters, die dieser nur unter der Voraussetzung des § 549 Abs. 2 BGB erteilen muß. Dasselbe gilt bei einer Aufnahme z. B. der Eltern des Mieters.

41 Während, wie festgestellt, bei Gewerberaummietverhältnissen jede Art der Untervermietung und Gebrauchsüberlassung im Bereich von § 549 Abs. 1 BGB der Zustimmung des Vermieters bedarf und in Formularmietverträgen oft zulässigerweise auch vereinbart ist, daß unbeschadet dieser Zustimmung der Vermieter der Untervermietung an eine bestimmte Person oder Personengruppe widersprechen kann oder die Zustimmung bei einem wichtigen Grund in der Person des Untermieters widerrufen kann, gilt bei Wohnraumvermietverträgen eine Sonderregelung in § 549 Abs. 2 BGB.

42 § 549 Abs. 2 BGB gilt nur bei beabsichtigter Gebrauchsüberlassung eines Teiles der Mietwohnung, nicht also der gesamten Mietwohnung. Will der Mieter die gesamte Mietwohnung einem Dritten überlassen, so gilt § 549 Abs. 1 BGB, d. h. er bedarf in jedem Fall der Erlaubnis des Vermieters.

43 Das nach § 549 Abs. 2 BGB geforderte berechtigte Interesse des Mieters an der Gebrauchsüberlassung hängt von der Darlegung der tatsächlichen Gründe im Einzelfall ab. Ein berechtigtes Interesse kann darin bestehen, daß der Mieter aus persönlichen Umständen in eine wirtschaftliche Zwangslage geraten ist, z. B. durch Arbeitslosigkeit, durch den Tod des Familienernährers, jedoch auch durch weitere Umstände, wie vorübergehende Abwesenheit des Mieters, Verkleinerung der Familie oder Aufnahme in Not geratener Familienangehöriger, sowie eigene Pflegebedürftigkeit. Kein berechtigtes Interesse kann angenommen werden, wenn der Wohnraum durch die Aufnahme eines Untermieters überbelegt wird oder in der Person des Dritten, also des Untermieters, ein wichtiger Grund vorliegt. Unzumutbarkeit für den Vermieter liegt dann vor, wenn die Beendigung des Mietverhältnisses bevorsteht oder Anlaß zu der Besorgnis besteht, daß der Mieter seiner Obhutspflicht angesichts der Gebrauchsüberlassung nicht mehr nachkommen wird oder mit einer unkontrollierten Aufnahme weiterer Dritter zu rechnen ist. Nach § 549 Abs. 2 Satz 2 BGB kann der Vermieter einen **Untermietzuschlag** erheben. Sinn der Regelung ist, daß dadurch etwaige zusätzliche Aufwendungen des Vermieters durch die stärkere Belegung der Wohnung abgegolten werden. Klagt der Mieter auf Erteilung der Untervermietungserlaubnis, so kann der Vermieter Widerklage auf Zustimmung des Mieters zur Vertragsänderung durch Erhebung eines Untermietzuschlages erheben. Maßstab für die Höhe des Untermietzuschlages ist die zu erwartende zusätzliche Abnutzung, konkrete Anhaltspunkte hierfür gibt das Gesetz nicht. Zweckmäßig ist eine vertragliche Regelung.

Sowohl für Wohnraummietverhältnisse als auch für Gewerberaummietverhältnisse gelten die gleichen Rechte des Vermieters bei unbefugter Gebrauchsüberlassung.

44 Liegt bereits eine ungenehmigte Untervermietung oder Gebrauchsüberlassung vor, so kann der Vermieter Unterlassungsklage nach § 550 BGB nach vorausgegangener Abmahnung des Mieters und anschließender Fortsetzung des vertragswidrigen Gebrauchs erheben.

45 Weiter kommt nach § 553 BGB bei Fortsetzung eines vertragswidrigen Gebrauchs die fristlose Kündigung des Mietverhältnisses in Betracht. Auch hier ist eine Abmahnung des Mieters erforderlich. Hat der Mieter nach den Grundsätzen des § 549 Abs. 2 BGB einen Anspruch auf die Gebrauchsüberlassung, so kommt jedoch eine fristlose Kündigung des Mietverhältnisses nur deshalb, weil die Erlaubnis des Vermieters nicht eingeholt wurde, nicht in Betracht.

46 Abschließend ist auf das Verhältnis zwischen Vermieter und Untermieter einzugehen. Zwischen diesen Personen bestehen vertragliche Beziehungen nicht. Erst bei Beendigung des Hauptmietverhältnisses zwischen dem Vermieter und Mieter hat der Vermieter aus § 556 Abs. 3 BGB gegen den Untermieter einen unmittelbaren Herausgabeanspruch. Diesem Anspruch kann der Untermieter das Fortbestehen des Mietverhältnisses zwischen ihm, dem Untermieter, und dem Mieter nicht entgegensetzen. Er kann jedoch von seinem Vermieter, also dem Mieter, wegen Rechtsmangels Schadensersatz nach §§ 541, 538 BGB verlangen. Bei gewerblichen Mietverhältnissen in der Form, daß zwischen dem Vermieter und dem Untermieter ein **gewerblicher Zwischenvermieter** eingeschaltet ist, gilt insofern eine Ausnahme, als der Untermieter bei Scheitern des Zwischenmietverhältnisses als Mieter zu behandeln ist, d. h. er kann dem Vermieter, der ihn nach Kündigung des Hauptmietvertrages zwischen Vermieter und Zwischenvermieter aus § 556 Abs. 3 BGB auf Räumung in Anspruch nimmt, den Einwand des Rechtsmißbrauchs entgegensetzen. Das Mietverhältnis des Untermieters bleibt dann erhalten, es besteht aber nunmehr entsprechend zwischen Untermieter und Vermieter. Nach der neuesten Rechtsprechung des Bundesverfassungsgerichts bedarf hier auch der Hauptvermieter (Eigentümer) im Falle der ordentlichen Kündigung ein berechtigtes Interesse nach § 564 b Abs. 1 BGB.

3 Schönheitsreparaturen und Kleinreparaturen

3.1 Begriff der Schönheitsreparaturen und der Kleinreparaturen

Sowohl hinsichtlich der Begriffsbestimmung, als auch hinsichtlich der rechtlichen Ausgestaltung gibt es keine wesentlichen, soweit nicht sachbedingten, Unterschiede zwischen Wohnraum- und Gewerberaummietverhältnissen. Es kann jedoch davon ausgegangen werden, daß die Rechtsprechung zum Schutz des Wohnraummieters bei seiner Verpflichtung Schönheitsreparaturen oder Kleinreparaturen auszuführen, einen strengeren Maßstab anlegt, als bei Gewerberaummietern. **47**

Bei Gewerberaummietverhältnissen gewährt die Rechtsprechung beim Vorliegen eines Formularmietvertrages, also Allgemeinen Geschäftsbedingungen, dem Vermieter einen größeren Spielraum als bei Wohnraummietverträgen. Der Gewerberaummieter erscheint wirtschaftlich weniger schutzbedürftig als der Wohnraummieter.

Zum **Begriff der Schönheitsreparaturen**: **48**

Schönheitsreparaturen sind Instandsetzungsarbeiten, die zur Beseitigung eines verschlechterten Aussehens der Mieträume erforderlich sind, soweit die Veränderung durch einen normalen vertragsmäßigen Gebrauch eingetreten ist. Schäden, die durch den normalen Wohngebrauch üblicherweise hervorgerufen werden, sind vom Begriff der Schönheitsreparaturen umfaßt, nicht aber darüber hinausführende schuldhaft verursachte Beschädigungen der Mieträume.

Schönheitsreparaturen umfassen nach allgemeiner Anschauung:

Malerarbeiten, also Anstreichen der Wände und Decken, Streichen der Fußböden, soweit derartiges in Betracht kommt, Reinigen von Teppichböden, Lackieren von Heizkörpern und Heizrohren, der Innentüren der Räume, Fenster und Außentüren, aber jeweils nur auf der der Wohnung zugewandten Seite. Tapezieren gehört üblicherweise nicht zu den Schönheitsreparaturen, es sei denn, daß anstelle einer weiß gestrichenen Wand eine überstreichbare weiße Rauhfasertapete angebracht wird. Jedenfalls gehört Abschleifen und Versiegeln von Parkettböden nicht zu den Schönheitsreparaturen, dies kann nur bei über normale Abnutzung hinausführenden Beschädigungen im Rahmen eines Schadensersatzanspruchs wegen schuldhafter Vertragsverletzung verlangt werden. Dübellöcher in Badfliesen, die durch die Notwendigkeit der üblichen Befestigungsmöglichkeiten z. B. für Handtuchhalter oder Ablagen gerechtfertigt sind, sind nicht als Beschädigung zu behandeln, die im Rahmen von Schönheitsreparaturen zu beheben ist. Diese Dübellöcher sind durch den normalen Mietgebrauch gerechtfertigt. Etwas anderes könnte nur bei ausdrücklicher individueller Vereinbarung gelten, nicht aber bei der üblichen Schönheitsreparaturregelung. Bei übermäßigem Anbringen von Dübellöchern gilt allerdings etwas anderes, hier handelt es sich jedoch ebenso nicht um eine Frage von Schönheitsreparaturen, sondern es liegt eine echte schadensersatzpflichtige Beschädigung vor. Weitere Beispiele für über Schönheitsreparaturen hinausführende Beschädigungen sind:

Brandlöcher in Teppichböden, Beschädigung von Türblättern durch unsachgemäßes Abschneiden von Türen oder größere Haustiere, Beschädigung von Parkettböden durch erhebliche Löcher oder Wasserschäden.

49 Instandhaltungsarbeiten oder Reparaturen an Wohnungsinstallationen wie Fenster- und Türgriffen, Rolläden, Wasserinstallationen zählen ebenfalls nicht zu den Schönheitsreparaturen.

50 Unter **Kleinreparaturen** versteht man Reparaturen an Installationsgegenständen der Mieträume, die dem Zugriff des Mieters ausgesetzt sind und vom Vermieter zur Verfügung gestellt worden sind. Hierbei handelt es sich z. B. um die Installationen für Wasser und Gas, Elektrizität, Heiz- und Kocheinrichtungen, Fenster- und Türverschlüsse, sowie Rolläden. **Klein**reparaturen bedeutet, daß es sich um kleinere Reparaturen an den jeweiligen Installationen handeln muß, also eine wertmäßige Begrenzung der Reparaturkosten.

3.2 Vertragliche Vereinbarungen über Reparaturklauseln

3.2.1 Schöheitsreparaturklauseln

51 Ist zwischen den Parteien eines Mietvertrages keine Vereinbarung getroffen, ist der Vermieter nach der gesetzlichen Regelung der §§ 536, 548 BGB im Rahmen seiner Erhaltungspflicht für die Durchführung der Schönheitsreparaturen verantwortlich und trägt deren Kosten. Eine Verpflichtung des Mieters, Schönheitsreparaturen durchzuführen, ergibt sich weder aus Gewohnheitsrecht, noch aus anderen allgemeinen Erwägungen. Durch Individualvereinbarung lassen sich eingehendere und weitergehendere Regelungen als durch Formularverträge treffen. Trotzdem werden Mietverträge in der Regel aus Vereinfachungsgründen unter Zuhilfenahme eines Vertragsformulars geschlossen. Gängige vertragliche

Formulierungen sind z. B.: „Die Kosten der Schönheitsreparaturen trägt der Mieter“ oder „Der Mieter ist verpflichtet, die üblichen Schönheitsreparaturen während der Mietzeit, spätestens zum Vertragsende durchzuführen“. In manchen Formularen ist auf einen **Fristenplan** Bezug genommen, nach dessen Maßgabe Schönheitsreparaturen durchzuführen sind. Im Zweifel sind die durchzuführenden Arbeiten vor Ablauf der im Fristenplan angegebenen Fristen nicht fällig. Für einzelne Räume und Gegenstände sind in der Regel unterschiedliche Fristen festgelegt, so z. B. Durchführung der Schönheitsreparaturen in Küchen, Bädern und Duschen alle drei Jahre, in Wohn- und Schlafräumen, Fluren, Dielen und Toiletten alle fünf Jahre, in anderen Räumen alle sieben Jahre. Es kann auch weiter differenziert werden, daß Wand- und Deckenanstriche in besonders beanspruchten Räumen alle drei Jahre und in den übrigen Räumen alle sechs Jahre zu erneuern sind, das Lackieren von Türen, Fenstern und Heizkörpern alle fünf bis sechs Jahre stattfinden soll.

Zulässig sind weiter Klauseln, nach denen der Mieter verpflichtet ist, sich beim Auszug an den Kosten der Schönheitsreparaturen quotenmäßig zu beteiligen, das bedeutet, daß der Mieter die Schönheitsreparaturen nicht durchführen muß, sondern eine Zahlung an den Vermieter leisten muß, die den zur Zeit seines Auszugs voraussichtlich entstehenden Kosten für die Durchführung von Schönheitsreparaturen entspricht. Nachdem es immer problematisch ist, festzustellen, in welchem Renovierungszustand sich ein Mietraum zur Zeit des Auszugs des Mieters befindet, ist hier auf den Ablauf der in einem Fristenplan festgelegten Renovierungsfristen abzustellen. Hieraus ergibt sich folgende Klausel: „Der Vermieter kann einen prozentualen Teil der Renovierungskosten geltend machen, der sich nach der seit der letzten Renovierung verstrichenen Zeit im Verhältnis zum vollen Renovierungsturnus bemißt.“

Möglich ist auch folgende Klausel: „Liegen die letzten Schönheitsreparaturen während der Mietzeit länger als ein Jahr zurück, so zahlt der Mieter 20 % der Kosten, liegen sie länger als zwei Jahre zurück 40 %, länger als drei Jahre 60 %, länger als vier Jahre 80 %, länger als fünf Jahre 100 %.“ Bei jeder Art von Quotenregelung für die Durchführung der Schönheitsreparaturen müssen die vollen Renovierungskosten ermittelt werden, als Ausgangsbasis für die prozentuale Beteiligung des Mieters. Üblicherweise werden diese nach einem Kostenvoranschlag eines Malerfachgeschäftes ermittelt.

52 Unzulässige Vertragsklauseln sind solche, die dahin gehen, daß der Mieter verpflichtet ist, unabhängig vom Renovierungszustand der Wohnung beim Auszug eine vollständige Renovierung durchzuführen, bzw. die Kosten einer vollständigen Renovierung dem Vermieter zu bezahlen. Unzulässig ist auch sonst eine Zahlungsverpflichtung des Mieters, die keine quotenmäßige Beteiligung an bis zum Auszug entstandenen Renovierungskosten, sondern in jedem Fall eine Zahlung der vollständigen Renovierungskosten vorsieht.

53 Vertragsklauseln in Mietverträgen können unwirksam sein, weil sie nicht die Verpflichtung, Schönheitsreparaturen durchzuführen beinhalten. Dies ist z. B. bei der Klausel „die Wohnung ist beim Auszug besenrein zurückzugeben" der Fall. Die Vereinbarung beinhaltet nicht die Verpflichtung zur Durchführung von Schönheitsreparaturen, sondern lediglich die Verpflichtung, die Räume ordentlich, also sauber und nach Entfernung von Einrichtungen zurückzugeben. Auch die Formulierung, daß die Räume beim Auszug „bezugsfertig" oder „in bezugsgeeignetem Zustand" zurückzugeben seien, bedeutet nicht die Verpflichtung zur Durchführung von Schönheitsreparaturen. „Bezugsfertig" bedeutet lediglich, daß die Räume einem Nachmieter angeboten werden können. Dies kann auch dann der Fall sein, wenn keine oder nicht alle der üblichen Schönheitsreparaturen durchgeführt worden sind, wenn z. B. eine Wohnung unter Hinterlassung von bunten Tapeten übergeben worden ist. Die Entfernung derartiger Tapeten gehört zum Inhalt der Verpflichtung bei der Durchführung von Schönheitsreparaturen, trotzdem können die Mieträume „bezugsfertig" sein.

54 Durch individuelle Vereinbarung zwischen den Vertragsparteien, also nicht vorformulierte und unverändert übernommene Vertragsbedingungen, ist zwar eine weiterreichende Verpflichtung zur Durchführung von Schönheitsreparaturen als durch Formularmietvertrag möglich, doch wäre auch in diesem Fall eine Vertragsbestimmung, wonach der Mieter, unabhängig vom Zustand der Mieträume, zur Durchführung von Schönheitsreparaturen verpflichtet ist, unbillig. Im übrigen können jedoch durch individuelle Vereinbarung dem Mieter weiterreichende Verpflichtungen, als sie durch Allgemeine Geschäftsbedingungen begründet werden können, auferlegt werden, z. B. beim Auszug einen Parkettboden in jedem Fall abschleifen und neu versiegeln zu lassen oder einen Teppichboden durch eine Fachfirma reinigen zu lassen.

3.2.2 Abwälzung von Kleinreparaturkosten

55 Die sogenannten Kleinreparaturen in einer Mietwohnung oder in gewerblichen Mieträumen können dem Mieter nicht in unbegrenztem

Umfang und in unbegrenzter Höhe auferlegt werden. Im Laufe der letzten Zeit hat die Rechtsprechung die Möglichkeit des Vermieters, die Kosten von Kleinreparaturen auf den Mieter überzuwälzen, erheblich eingeschränkt. Hierbei muß berücksichtigt werden, daß vom Grundsatz her der Mieter nur für selbstverschuldete Schäden in Mieträumen haftet, wobei Schäden, die durch Erfüllungsgehilfen, also Personen, die im Mietvertragsbereich für den Mieter tätig geworden sind, gleichgestellt sind. Für eine Kleinreparaturklausel ist daher folgendes festzuhalten:

56 Bei der Abwälzung der Kostentragung für Kleinreparaturen handelt es sich um eine verschuldungsunabhängige Haftung. Eine derartige Vereinbarung ist möglich, soweit es sich um die Behebung von Bagatellschäden im Bereich bis zu DM 100,00 handelt. Die Klausel darf sich nur auf solche Teile der Mieträume beziehen, die dem direkten und häufigen Zugriff des Mieters ausgesetzt sind. Nicht darf die Klausel also Installationen betreffen, zu denen der Mieter keinen direkten Zugang hat. Üblicherweise handelt es sich bei den Gegenständen, auf die sich Kleinreparaturklauseln beziehen können, um die Installation für Wasser und Gas, Elektrizität, Heiz- und Kocheinrichtungen, Fenster- und Türverschlüsse, sowie Rolläden. In der Klausel kann nicht verlangt werden, daß derartige Gegenstände ständig in gebrauchsfähigem Zustand zu erhalten sind, da diese Klausel zu unbestimmt und zu weitgehend wäre. Zulässig ist allerdings die Vereinbarung; daß notwendige Reparaturen ausgeführt werdem müssen, bzw. die Kosten vom Mieter zu tragen sind. Die Reparaturklausel muß jedoch einen Höchstbetrag enthalten und zwar sowohl hinsichtlich der einzelnen Reparaturen, als auch hinsichtlich einer Häufung von Reparaturfällen innerhalb eines Jahres. Üblicherweise wird ein Betrag von DM 100,00 als Höchstbetrag für die Kosten der einzelnen Reparatur angenommen und eine summenmäßige Begrenzung der Reparaturkostenbeteiligung innerhalb eines Jahres in Höhe von DM 300,00 bis DM 400,00, jedoch nicht mehr als 8–10 % der Jahresmiete.

Nicht wirksam vereinbart werden können Vertragsklauseln, wonach der Mieter sich bei teureren Reparaturen als DM 100,00 bis zu einem Betrag von DM 100,00 beteiligen muß. Die einzelne Reparatur darf nicht mehr als DM 100,00 kosten.

3.3 Geltendmachung und Durchsetzung der Reparaturverpflichtung

3.3.1 Schönheitsreparaturen

57 Soweit zwischen den Parteien des Mietvertrages eine quotenmäßige Reparaturkostenbeteiligung vereinbart worden ist, ergeben sich bei der Durchsetzung dieser Verpflichtung gegenüber dem Mieter Schwierigkeiten nur insofern, als Streit über den Kostenvoranschlag eines vom Vermieter benannten Malergeschäftes über die Renovierungskosten entstehen kann. Insofern sollte zweckmäßigerweise über das den Kostenvoranschlag anfertigende Malergeschäft Einvernehmen erzielt werden. Besteht eine Schönheitsreparaturenverpflichtung dahin, daß der Mieter verpflichtet ist, bei Beendigung des Mietverhältnisses Schönheitsreparaturen durchzuführen, hat der Vermieter verfahrensmäßige Besonderheiten zu beachten.

58 Bis zur vertragsmäßigen Beendigung des Mietverhältnisses ist der Mieter grundsätzlich berechtigt, seiner Verpflichtung, Schönheitsreparaturen durchzuführen, nachzukommen. Der Vermieter kann in dieser Zeit den Mieter daher hinsichtlich dieser Verpflichtung auch noch nicht in Verzug setzen. Dies kann erst durch eine Nachfristsetzung erfolgen, die einen Zeitraum nach der vertragsmäßigen Beendigung des Mietverhältnisses umfaßt. Dies schließt nicht aus, daß der Vermieter, was auch dringend anzuraten ist, den Mieter schon vor Beendigung des Mietverhältnisses auf die vertragsmäßige Verpflichtung, Schönheitsreparaturen durchzuführen, hinweisen kann. Der Mieter trägt das Risiko, daß er, falls er die erforderlichen Arbeiten nicht selbst durchführt und diese nach Beendigung des Mietverhältnisses auf Veranlassung des Vermieters durchgeführt werden, sich schadensersatzpflichtig macht und für einen etwa entstehenden Mietausfall des Vermieters einstehen muß. Folgendes Vorgehen ist daher erforderlich und zweckmäßig:

59 Der Vermieter weist eine gewisse Zeit vor der Beendigung des Mietverhältnisses, etwa ein bis zwei Monate, in allgemeiner Form auf die zum Zeitpunkt der Beendigung des Mietverhältnisses durchzuführenden Schönheitsreparaturen nach Art und Umfang hin.

60 Zum Zeitpunkt der Beendigung des Mietverhältnisses findet eine **Wohnungsbesichtigung** mit Übergabeverhandlung statt. Hier wird bei Anwesenheit des Vermieters oder eines bevollmächtigten Vertreters des Vermieters sowie des Mieters der Zustand der Räume festgestellt und ein Protokoll darüber angefertigt, welche Arbeiten nicht oder nicht fachgerecht oder ausreichend durchgeführt worden sind. Zu dieser Besichtigung sollte tunlichst bereits, insbesondere dann, wenn der Vermieter mit Nichtdurchführung oder mit nicht ordnungsgemäßer Durchführung der Arbeiten rechnet, ein Fachmann hinzugezogen werden. Hierbei kann es sich entweder um einen Handwerker des Malerhandwerks oder einen Sachverständigen handeln. Mindestens sollten jedoch Zeugen hinzugezogen werden.

Sollte die Besichtigung bei Anwesenheit des Mieters nicht durchgeführt werden, sei es, daß der Mieter eine gemeinsame Besichtigung verweigert oder den Besichtigungstermin nicht einhält, sollte, nachdem dem Vermieter nach Beendigung des Mietverhältnisses der Besitz an der Wohnung eingeräumt worden ist, die Besichtigung auf jeden Fall in der beschriebenen Form zu Beweiszwecken und zur Geltendmachung der erforderlichen Arbeiten durchgeführt werden.

61 Wird bei der Besichtigung festgestellt, daß die Schönheitsreparaturen nicht oder nicht ordnungsgemäß oder vollständig ausgeführt worden sind, muß der Vermieter unter Setzung einer angemessenen Frist und unter Beschreibung des Zustandes der Mieträume und Nennung der auszuführenden Arbeiten den Mieter auffordern, die erforderlichen Schönheitsreparaturen durchzuführen. Falls die Besitzeinräumung an den Vermieter bereits vor der vertragsmäßigen Beendigung des Mietverhältnisses erfolgt, kann die Frist auch schon einen Zeitraum vor der vertragsmäßigen Beendigung umfassen, muß jedoch in jedem Fall als **Nachfrist** auch einen angemessenen Zeitraum nach der vertragsmäßigen Beendigung mitumfassen.

62 Als angemessen kann eine Frist von etwa zwei Wochen angesehen werden. Eine zu kurz gesetzte Frist setzt die angemessene Nachfrist in Lauf. Der Mieter muß der zu kurz gesetzten Frist nicht widersprechen, jedoch ist es zweckmäßig, den Vermieter darauf hinzuweisen.

63 In dem Fristsetzungsschreiben muß genau mitgeteilt werden, in welchen Zustand sich die Mieträume bei der Rückgabe befunden haben und welche Arbeiten in den einzelnen Räumen durchzuführen sind. Wird dies nicht getan, ist die Nachfristsetzung unwirksam. Die Nachfristsetzung zur Durchführung der genau beschriebenen Arbeiten muß mit einer Ablehnungsdrohung verbunden sein. In der Ablehnungsdrohung muß dem Mieter mitgeteilt werden, daß nach Ablauf der gesetzten Frist die Durchführung von Schönheitsreparaturen durch den Mieter abgelehnt wird.

64 Eine Nachfristsetzung mit Ablehnungsdrohung muß dem Mieter zugehen. Hat der Mieter die Räume nach Ablauf des Mietverhältnisses unbekannten Aufenthalts verlassen und ist sein Aufenthalt durch übliche Maßnahmen, wie eine Anfrage beim Einwohnermeldeamt, nicht festzustellen, so erübrigt sich die Nachfristsetzung mit Ablehnungsdrohung.

65 Dasselbe gilt, wenn der Mieter die Erfüllung seiner vertraglichen Verpflichtung, Schönheitsreparaturen durchzuführen, ernsthaft und endgültig verweigert. An eine derartige **Erfüllungsverweigerung** sind strenge Anforderungen zu stellen. Sie kann entweder ausdrücklich dadurch erfolgen, daß der Mieter erklärt, keine Schönheitsreparaturen durchführen zu wollen oder über bereits geleistete, unzureichende Arbeiten hinaus, keine Arbeiten mehr durchzuführen. Nicht liegt eine endgültige Erfüllungsverweigerung vor, wenn der Mieter lediglich mitteilt, seiner Meinung nach sei er zur Durchführung von Schönheitsreparaturen rechtlich nicht verpflichtet.

66 Nicht wirksame Erklärungen hinsichtlich der Nachfristsetzung mit Ablehnungsdrohung liegen vor, falls eine genaue Beschreibung der einzelnen durchzuführenden Arbeiten nicht erfolgt, wenn lediglich nach der Bereitschaft des Mieters angefragt wird, Schönheitsreparaturen durchzuführen, nicht aber eine Nachfrist mit Ablehnungsdrohung gesetzt wird.

67 Durch Individualvertrag kann das Erfordernis der Nachfristsetzung mit Ablehnungsdrohung vertraglich ausgeschlossen werden, nicht jedoch durch Formularvertrag.

68 Führt der Mieter trotz wirksam gesetzter Frist mit Ablehnungsdrohung die Schönheitsreparaturen nicht durch, kann der Vermieter im Wege der **Ersatzvornahme** die erforderlichen Schönheitsreparaturen selbst oder durch beauftragte Handwerker durchführen lassen. Er kann die dafür entstehenden Kosten gegenüber dem Mieter als Schadensersatz geltend machen. Der Schadensersatzanspruch des Vermieters findet seine Grenze darin, daß der Mieter nicht verpflichtet ist, im Rahmen von Schönheitsreparaturen bauseits bedingte Mängel mitzubeseitigen. Die Schönheitsreparaturen müssen daher vom Mieter nur insoweit durchgeführt werden, als dies in mangelfreien Räumen erforderlich wäre. Auch nur insoweit kann daher der Vermieter Schadensersatz geltend machen.

69 Der Anspruch des Vermieters umfaßt, neben den Kosten der Ersatzvornahme der Schönheitsreparaturen, Mietausfall bis zu einer Neuvermietung der Wohnung, Gewinneinbußen bei durch die Verzögerung ungünstigerer Neuvermietung, die Kosten eines etwa erforderlichen Sachverständigengutachtens, falls der Vermieter dem Zustand der Räume nach Auszug des Mieters durch einen Sachverständigen festhalten läßt.

Zu beachten sind zwei Sonderfälle: **70**

- Würden die Schönheitsreparaturen des Mieters durch einen Umbau nach Vertragsende alsbald zerstört, muß er bei Beendigung des Mietverhältnisses an den Vermieter lediglich einen Ausgleich in Geld zahlen, der dem Schadensersatz bei Nichtdurchführung der Schönheitsreparaturen entspricht, nicht jedoch muß er die Schönheitsreparaturen durchführen.
- Übernimmt ein Nachmieter auf eigene Kosten die vom Mieter unterlassenen Schönheitsreparaturen, muß sich der Vermieter diese Schönheitsreparaturen, die er aufgrund der Vereinbarung mit dem Nachmieter durch diesen ausgeführt bekommt, nicht anrechnen lassen. Er kann also trotzdem vom Vormieter Schadensersatz verlangen.

71 Zur Durchführung der Schönheitsreparaturen durch den Mieter ist noch festzuhalten, daß die Arbeiten des Mieters den Anforderungen einer fachgerechten Leistung entsprechen müssen. Der Mieter muß die Arbeiten nicht von vorne herein durch einen Fachhandwerker durchführen lassen. Eine etwaige Eigenarbeit des Mieters muß jedoch fachlichen Qualitätsanforderungen entsprechen. Verwendet er z. B. Farben ungeeigneter Qualität, wird er durch mit diesen Farben ausgeführte Arbeiten von seiner Verpflichtung zur Durchführung der Schönheitsreparaturen nicht frei. Eine Klausel in einem Formularmietvertrag, wonach der Mieter von vorne herein verpflichtet ist, Arbeiten nur durch Fachhandwerker durchführen zu lassen, ist unbillig und unwirksam.

3.3.2 Kleinreparaturen

72 Tritt ein Schaden in Mieträumen auf, der von Art und Umfang von einer vereinbarten Kleinreparaturklausel umfaßt wird, ist der Mieter verpflichtet, diesen Schaden auf eigene Kosten zu beheben oder beheben zu lassen. Ist er der Meinung, daß er hierzu nicht verpflichtet ist, oder besteht keine wirksame Kleinreparaturklausel, muß der Mieter dem Vermieter nach § 545 BGB den Mangel unverzüglich anzeigen. Unterläßt der Mieter die Anzeige, kann er wegen der nicht durchgeführten Reparatur durch den Vermieter keinen Schadensersatz verlangen. Ist eine Reparatur dringend und sofort erforderlich, so kann der Mieter die Reparatur selbst durchführen oder durchführen lassen und vom Vermieter Ersatz der Aufwendungen verlangen. Dasselbe gilt, falls ein Mangel im Sinne von

§ 537 BGB vorliegt und der Vermieter trotz Aufforderung zur Mangelbeseitigung den Schaden nicht beseitigt, § 538 Abs. 2 BGB.

Behält der Mieter zu Unrecht Beträge, die aufgrund einer Reparatur in den gemieteten Räumen erforderlich waren, aber vom Mieter zu tragen sind, vom Mietzins ein, so besteht für den Vermieter die Möglichkeit, diese Beträge einzuklagen.

4 Mieterhöhung und Mietminderung

4.1 Mieterhöhung bei Wohnraummietverhältnissen und bei Gewerberaummietverhältnissen

73 Die Möglichkeiten einer Mieterhöhung bei Wohnraummietverhältnissen und bei Gewerberaummietverhältnissen unterscheiden sich grundsätzlich. Der Wohnraummieter wird vom Gesetz als erheblich schutzbedürftiger angesehen als der Gewerberaummieter, die Erhöhungsmöglichkeiten bei Wohnraummietverhältnissen sind daher beschränkt. Soweit sich die Parteien eines Wohnraummietvertrages nicht ausdrücklich vertraglich auf eine bestimmte Mieterhöhung einigen, richtet sich die Mieterhöhung bei der Vermietung von Wohnräumen ausschließlich nach dem Gesetz zur Regelung der Miethöhe vom 18.12.1974 (MHG). Vereinbarungen, die zum Nachteil des Mieters von den Vorschriften dieses Gesetzes abweichen, sind unwirksam, es sei denn, daß der Mieter während des Bestehens des Mietverhältnisses einer Mieterhöhung um einen bestimmten Betrag zugestimmt hat, § 10 Abs. 1 Miethöhegesetz (MHG). Im Gegensatz zu Gewerberaummietverhältnissen ist bei Wohnraummietverhältnissen auch die Änderungskündigung ausgeschlossen, d. h. die Kündigung eines Mietverhältnisses über Wohnraum zum Zwecke der Mieterhöhung, § 1 Satz 1 MHG. Die Erhöhung des Grundmietzinses, also des Mietzinses ohne ausgewiesene Betriebs- und Nebenkosten, erfolgt in einem formellen Zustimmungsverfahren nach § 2 MGH. Das Miethöhegesetz enthält weiter einseitige Mieterhöhungsmöglichkeiten nach der Durchführung von Modernisierungs- und Energieeinsparungsmaßnahmen und bei einer Erhöhung oder Ermäßigung der Kapitalkosten, §§ 3, 5 MHG. Weiter regelt das Miethöhegesetz in § 4 MHG die Erhöhung oder Ermäßigung der Betriebskosten, dies jedoch nur in bestimmten Fällen. Näheres ist unter Ziffer 7.1 ausgeführt. § 9 MHG regelt das Kündigungsrecht des Mieters anläßlich einer Mieterhöhung und § 10 Abs. 2 MHG die Möglichkeit einer Staffelmietvereinbarung. Die näheren Modalitäten der Mieterhöhung bei Wohnraum sind unter Ziffer 4.2. bis 4.5. dargelegt. Der Einigungsvertrag enthält in Kapitel XIV., Abschnitt II, Ziffer 7 eine Änderung des Miethöhegesetzes durch Anfügung eines § 11 MHG. Hier sind Sonderregelungen für die Erhöhung des Mietzinses bei Wohnraummietverhältnissen in den neuen Bundesländern enthalten. Näheres hierzu ist in Ziffer 4.6. ausgeführt.

74 Die **Mieterhöhung bei Gewerberäumen** unterscheidet sich grundsätzlich von der Mieterhöhung bei Wohnräumen. Die Vertragsparteien sind bei der Mietpreisgestaltung grundsätzlich frei. Nicht nur die Miethöhevereinbarung im Mietvertrag, sonder auch die Mieterhöhung ist an Obergrenzen, wie bei Wohnraummietverhältnissen der ortsüblichen Vergleichsmiete, nicht gebunden.

75 Zunächst ist festzustellen, daß die **Anfangsmiete** bei Gewerberaummietverhältnissen in verschiedener Weise vereinbart werden kann. Möglich ist die Vereinbarung einer Staffelmiete, wobei die Beschränkungen des § 10 Abs. 2 MHG hier nicht gelten, d. h., die Zeitabschnitte, nach denen die Miete sich erhöht, können beliebig festgesetzt werden und die Dauer der Staffelmietvereinbarung kann beliebig vereinbart werden. Weder die Jahresfrist, nach der die Staffeln aufeinanderfolgen müssen, noch die 10-Jahres-Beschränkung für die Dauer der Staffelmietvereinbarung gemäß § 10 Abs. 2 MHG gelten. Auch müssen die Erhöhungen nicht betragsmäßig ausgewiesen werden. Es genügt, wenn eine prozentuale Erhöhungsvereinbarung vorliegt.

76 Weiter ist zulässig die Vereinbarung einer **Umsatzmiete**, d. h. der Mieter verpflichtet sich, einen bestimmten Teil seines Umsatzes als Mietzins an den Vermieter abzuführen. Diese Vereinbarung beinhaltet natürlich die Verpflichtung für den Mieter, seinen Geschäftsbetrieb aufrecht zu erhalten, im übrigen trägt der Vermieter das Risiko der Umsatzentwicklung des Mieters.

77 Üblicherweise wird der Mietzins bei gewerblichen Mietverhältnissen zuzüglich Mehrwertsteuer angegeben, wobei es sich insbesondere bei längerfristigen Mietverhältnissen empfiehlt, die Formulierung zu wählen: „Zuzüglich jeweils gültiger Mehrwertsteuer". Die Vereinbarung kann entfallen, falls beim Vermieter die Mieteinnahmen nicht umsatzsteuerpflichtig sind. Andererseits kann die Mehrwersteuer auf den Mietzins nur dann verlangt werden, wenn dies im Vertrag ausdrücklich vereinbart wurde.

78 Hinsichtlich der **Mieterhöhung** bei Gewerberaummietverhältnissen gibt es mehrere Möglichkeiten. Zunächst ist, wie erwähnt, die Vereinbarung einer Staffelmiete möglich, möglich ist jedoch auch eine automatische Mietanpassungsklausel. Dies bedeutet, daß die Miete jährlich oder in anderen Zeitabständen der Veränderung des Lebenshaltungskostenindex angepaßt wird. Eine derartige Klausel bedarf der Genehmigung durch die Landeszentralbank. Die Genehmigung wird unter folgenden Voraussetzungen erteilt:

- Der Mietvertrag muß eine Laufzeit von mindestens 10 Jahren haben,
- der Mieter hat bei kürzerer Vertragsdauer zumindest das Recht, die Verlängerung der Vertragsdauer auf mindestens 10 Jahre zu verlangen (Option),
- auch Änderungen des Lebenshaltungskostenindex nach unten müssen sich auf die Miete auswirken können.

Möglich ist jedoch auch die Vereinbarung eines sog. **genehmigungsfreien Leistungsvorbehaltes**. Hier handelt es sich ebenfalls um eine Mietanpassungsklausel, bei der die Mietanpassung jedoch nicht automatisch erfolgt und die deshalb auch nicht der Genehmigung durch die Landszentralbank bedarf. Möglich ist z. B. eine Vereinbarung, daß bei einer Veränderung des Lebenshaltungskostenindex, wie er vom Statistischen Bundesamt veröffentlicht wird, um mehr als 10 %, die Vertragsparteien eine Neufestsetzung des Mietzinses verlangen können. Eine derartige Regelung empfiehlt sich, wenn aus bestimmten Gründen, wie den oben genannten, z. B. kürzere Laufzeit des Vertrages als 10 Jahre, eine genehmigungspflichtige automatische Mietanpassungsklausel nicht in Betracht kommt. Die Neufestsetzung des Mietzinses nach der erforderlichen Verhandlung der Vertragsparteien geschieht dann unter Berücksichtigung der zwischenzeitlich eingetretenen Änderung bei Geschäftsraum in vergleichbaren Lagen. Nachdem bei einem derartigen Leistungsvorbehalt natürlich Streitigkeiten über die zu vereinbarende Miethöhe angelegt sind, empfiehlt es sich bei Nichteinigung der Parteien über die Neufestsetzung des Mietzinses, eine Regelung z. B. durch verbindliches **Schiedsgutachten** zu treffen. Erforderlich ist, daß in diesem Fall dem Mietvertrag ein Schiedsvertrag beigelegt ist, der sowohl die Frist beinhaltet, nach der bei Nichteinigung der Sachverständige des Schiedsvertrages verbindlich für die Vertragsparteien entscheidet, als auch die Person des Sachverständigen festgelegt wird. Möglich ist insoweit, daß zwei Sachverständige tätig werden, wobei jede Partei einen der Sachverständigen benennt und sich der neue Mietzins aus dem Mittelwert der beiden Gutachten ergibt. Der Schiedsvertrag muß auch eine Kostenregelung hinsichtlich der Kosten des Schiedsgutachtens enthalten, wobei üblicherweise jede Vertragspartei die Kosten zur Hälfte trägt und weiter einen Zeitpunkt, ab dem der durch das Schiedsgutachten festgesetzte Mietzins verlangt werden kann. **79**

4.2 Erhöhung der Grundmiete bei Wohnraum nach § 2 MHG

4.2.1 Voraussetzungen des Erhöhungsanspruchs

80 Wie bereits festgestellt, richtet sich die Mieterhöhung bei Wohnraummietverhältnissen, soweit nicht ausdrücklich eine Vereinbarung der Parteien erfolgt, ausschließlich nach dem Miethöhegesetz (MHG). Hierbei handelt es sich um ein formalisiertes Erhöhungsverfahren, bei dem der Vermieter seinen Mieterhöhungsanspruch in Form eines Erhöhungsverlangens geltend macht, dem der Mieter zustimmt. Erfolgt keine Zustimmung, muß der Vermieter innerhalb zweier Monate nach Ablauf der Zustimmungsfrist bei Gericht auf Erteilung der Zustimmung klagen. Versäumt der Vermieter die Klagefrist, so muß er ein neues Erhöhungsverlangen stellen. Maßstab für die Mieterhöhung bei Wohnraum ist die sogenannte „ortsübliche Vergleichsmiete".

Bereits hier ist festzustellen, daß § 2 MHG in den neuen Bundesländern uneingeschränkt nur auf Wohnraum angewendet wird, der nicht mit Mitteln aus öffentlichen Haushalten gefördert wurde und nach dem 3. Oktober 1990 (Wirksamwerden des Beitritts) in neu errichteten Gebäuden fertiggestellt wurde. Näheres hierzu vgl. unter 4.6.

81 Die Voraussetzungen des Erhöhungsanspruchs im einzelnen nach § 2 MHG sind folgende:

Der Mietzins muß ein Jahr unverändert sein, § 2 Abs. 1 Nr. 1 MGH. Die Jahresfrist beginnt mit dem Wirksamwerden der letzten Mietzinserhöhung, die dem jetzigen Erhöhungsverlangen vorausging. Jede Art von Mietzinserhöhung, außer nach den §§ 2–5 MHG, löst die Sperrfrist aus. Das heißt, auch durch eine formlose Mieterhöhungsvereinbarung oder eine ausdrückliche oder stillschweigende Teilzustimmung zu einer vorgenommenen Mieterhöhung wird die Sperrfrist ausgelöst. Wird ein Mieterhöhungsverlangen vor dem Ablauf der Jahresfrist gestellt, so ist es nicht unwirksam, die Zustimmungsfrist nach § 2 Abs. 3 MHG wird jedoch erst mit dem Ende der Jahressperrfrist ausgelöst.

82 Weitere Voraussetzung des Erhöhungsanspruchs ist nach § 2 Abs. 1 Nr. 2 MHG, daß der verlangte Mietzins die üblichen Entgelte nicht übersteigt, die in der Gemeinde oder in vergleichbaren Gemeinden für nicht preisgebundenen Wohnraum vergleichbarer Art, Größe, Ausstattung, Beschaffenheit und Lage in den letzten drei Jahren vereinbart oder, von Erhöhungen nach § 4 MHG abgesehen, geändert worden sind. Das heißt, der Vermieter muß den Umstand darlegen, daß er vom Mieter nicht mehr als die Vergleichsmiete verlangt. Dies kann im Erhöhungsverlangen gemäß § 2 Abs. 2 MHG wahlweise in dreifacher Weise erfolgen, nämlich durch Bezugnahme auf einen Mietspiegel, durch Vorlage eines Sachverständigengutachtens oder durch Benennung von Vergleichswohnungen. Näheres wird unter 4.2.2 ausgeführt. Überzogene Anforderungen dürfen an die Darlegung des Vermieters nicht gestellt werden. Vergleichbar muß die Größe des Wohnraums sein, wobei Flächenabweichungen nicht schaden, bei vergleichbarer Ausstattung ist selbstverständlich nur die durch den Vermieter zur Verfügung gestellte Ausstattung zu berücksichtigen, es sei denn, der Vermieter hat vom Mieter verauslagte Kosten für Einrichtungen erstattet. Bei einer vergleichbaren Beschaffenheit der Räume ist zu berücksichtigen, daß lediglich unbehebbare Mängel zu berücksichtigen sind und eine Vergleichbarkeit ausschließen können, behebbare Mängel werden weder bei vergleichbaren Räumen, noch bei dem Wohnraum, bei dem die Mieterhöhung durchgeführt werden soll, berücksichtigt.

83 Weitere Voraussetzung des Erhöhungsanspruchs des Vermieters ist die Einhaltung der sog. **Kappungsgrenze** des § 2 Abs. 1 Nr. 3 MHG. Hiernach darf sich der Mietzins innerhalb eines Zeitraums von drei Jahren, von Erhöhungen nach den §§ 3–5 MHG abgesehen, nicht um mehr als 30 % erhöhen. Wichtig ist, daß diese Bestimmung dem Vermieter nicht das Recht gibt, eine Mieterhöhung um 30 % durchzuführen. Die Obergrenze der Mieterhöhung bildet immer die ortsübliche Vergleichsmiete. Ist die ortsübliche Vergleichsmiete in den drei Jahren, die dem Mieterhöhungsverlangen des Vermieters vorausgehen, um weniger als 30 % gestiegen, kann nicht um 30 %, sondern nur bis zur Vergleichsmiete erhöht werden.

84 Für die Berechnung der Kappungsgrenze gilt, daß zunächst der Ausgangsmietzins festzustellen ist, d. h. vom Zeitpunkt des Wirksamwerdens des nunmehrigen Erhöhungsverlangens ist drei Jahre zurückzurechnen. Besteht das Mietverhältnis zum Zeitpunkt des Wirksamwerdens der nunmehrigen Mieterhöhung weniger als drei Jahre, ist Ausgangsmietzins der Anfangsmietzins, der im Mietvertrag vereinbart wurde. Die Kappungsgrenze ist auch eingehalten, wenn der Vermieter innerhalb von drei Jahren jedes Jahr den Mietzins, soweit die ortsübliche Vergleichsmiete dies zuläßt, um jeweils 10 % erhöht. Es ist darauf hinzuweisen, daß auch beim erstmaligen Übergang von der Kostenmiete zur Vergleichsmiete die Kappungsgrenze einzuhalten ist und zwar auch dann, wenn öffentliche Mittel vorzeitig zurückbezahlt werden, wenn also bisher preisgebundene Wohnungen vorzeitig aus der Preisbindung entlassen werden.

Ein Mieterhöhungsverlangen, bei dem die Kappungsgrenze nicht eingehalten ist, ist, soweit diese überschritten wurde, unbegründet.

85 Eine Sonderregelung gilt für die Überleitung preisgebundener **Berliner Altbauwohnungen** in das allgemeine Mietrecht. Bis zum 31.12.1994 gilt hier eine Kappungsgrenze von 15 % in drei Jahren. Anders ausgedrückt, darf sich der Mietzins für diese Altbauwohnungen, von Erhöhungen nach §§ 3–5 MHG oder anderen vergleichbaren preisrechtlichen Vorschriften abgesehen, durch ein Zustimmungsverlangen nicht mehr als 5 % innerhalb eines Zeitraums von einem Jahr erhöhen.

4.2.2 Das schriftliche Erhöhungsverlangen

86 Das schriftliche Erhöhungsverlangen gemäß § 2 Abs. 2 MHG muß dem Mieter zugehen. Die Schriftform muß außer im Falle des § 8 MHG (automatisch gefertigte Vermietererklärung) eingehalten werden, d. h. es ist die persönliche Unterschrift des Vermieters oder seines Bevollmächtigten erforderlich. Bezugnahme, z. B. auf eine beigefügte Aufstellung von Vergleichswohnungen, die nicht gesondert vom Vermieter unterschrieben ist, ist jedoch zulässig. Gibt der Vermieter die Erhöhungserklärung durch einen Bevollmächtigten ab, so muß dieser seine Bevollmächtigung offenlegen. Legt der Bevollmächtigte seine Vollmacht nicht vor, kann der Mieter das Erhöhungsverlangen unverzüglich zurückweisen, die Erklärung ist dann nach § 174 BGB unwirksam. Eine Bevollmächtigung ist auch bei einem oder mehreren Mietern in der Weise zulässig, daß der Mietvertrag eine Klausel enthalten kann, nach der eine Erhöhungserklärung, die gegenüber einem Mieter abgegeben wird, auch gegenüber den anderen wirksam ist. Ist keine derartige Vereinbarung getroffen, so muß das Erhöhungsverlangen gegenüber jedem einzelnen Mieter geltend gemacht werden.

87 § 2 Abs. 2 MHG sieht drei Möglichkeiten der Begründung des schriftlichen Mieterhöhungsverlangens vor. Es kann Bezug genommen werden auf einen Mietspiegel. Was unter einem Mietspiegel zu verstehen ist, regelt § 2 Abs. 2 Satz 2 MHG. Es handelt sich um eine Übersicht über die üblichen Entgelte in der Gemeinde oder in einer vergleichbaren Gemeinde, soweit die Übersicht von der Gemeinde oder von Interessenvertretern der Vermieter und der Mieter gemeinsam erstellt oder anerkannt worden ist. Weiter kann auf ein mit Gründen versehenes Gutachten eines öffentlich bestellten oder vereidigten Sachverständigen Bezug genommen oder der Hinweis auf entsprechende Entgelte für einzelne vergleichbare Wohnungen erfolgen, wobei die Benennung von drei Vergleichswohnungen genügt.

Im einzelnen gilt folgendes: **88**

Bei der Bezugnahme auf einen vorhandenen **Mietspiegel** genügt die Bezugnahme auf die entsprechende Mietwerttabelle des Mietspiegels, aus der der Mieter die Einstufung seiner Wohnung erkennen kann. Der Mietspiegel muß dem Mieterhöhungsverlangen nicht beigefügt sein, es sei denn, er ist nicht allgemein zugänglich. Enthält der Mietspiegel Mietzinsspannen, so genügt es, wenn der verlangte Mietzins innerhalb der Spanne liegt, d. h. er kann dem obersten Spannenwert entsprechen. Eine Fortschreibung eines veralteten Mietspiegels ist unzulässig, es kann jedoch ein veralteter Mietspiegel verwendet werden, sofern ein aktueller nicht vorliegt. Wichtig ist, daß die zu erhöhende Miete dem Mietbegriff des Mietspiegel entsprechen muß. Einzelne Mietspiegel enthalten Teilinklusivmieten, d. h. einzelne Neben- oder Betriebskosten sind in der Grundmiete enthalten. Der Mietzins einer Wohnung, deren Miete erhöht werden soll, ist dann dem Mietbegriff des Mietspiegels anzupassen.

Es kann davon ausgegangen werden, daß Mietspiegel zunehmend von den Gerichten im Falle der Erhebung der Zustimmungsklage durch den Vermieter auch im Rahmen der Begründetheit eines Mieterhöhungsverlangens anerkannt werden und ein Sachverständigengutachten zur Miethöhe nicht mehr erholt wird. Beim Zustimmungsverlangen wird jedoch nach wie vor von der Bezugnahme auf einen Mietspiegel durch die Vermieter zurückhaltend Gebrauch gemacht, da die Mietspiegelwerte in der Regel niedriger liegen als die Mieten bei Vergleichswohnungen.

89 Wird zur Begründung eines Erhöhungsverlangens auf ein **Sachverständigengutachten** Bezug genommen, muß es sich um ein Gutachten eines für den Wohnungsmarkt öffentlich bestellten oder vereidigten Sachverständigen handeln. Das Gutachten muß dem Zustimmungsverlangen mindestens in Ablichtung beigefügt sein. Es muß schriftlich abgefaßt und mit Gründen versehen sein. Es genügt die Vorlage eines sogenannten „generalisierenden Gutachtens“, d. h., es genügt, wenn der Sachverständige bei einer Wohnanlage eine Wohnung des gleichen Typs wie die gegenständliche besichtigt hat.

Von der Vorlage eines derartigen Sachverständigengutachtens wird vor allem bei größeren Wohnungen Gebrauch gemacht, da die Kosten des Gutachtens als Kosten der Rechtsbegründungspflicht des Vermieters, falls es zum Erhöhungsprozeß kommt, nicht erstattungsfähig sind, also dem Vermieter zur Last fallen.

90 Benennt der Vermieter zur Begründung seines Mieterhöhungsverlangens **Vergleichswohnungen**, so hat er folgendes zu beachten:

- Der Vermieter kann Wohnungen aus seinem eigenen Bestand benennen, sie können sich sogar in dem Haus befinden, das der Mieter bewohnt. Namen von Mietern und Vermietern der Vergleichswohnungen brauchen nicht mitgeteilt zu werden, wenn die Vergleichswohnungen vom Mieter einwandfrei identifiziert werden können. Ist eine Vergleichswohnung nicht identifizierbar, so scheidet sie aus, verbleiben dann weniger als drei Vergleichswohnungen, ist das Erhöhungsverlangen unwirksam.
- Die Angabe der Größe der Vergleichswohnungen ist ratsam, aber nicht zwingend, falls sich der Quadratmeterpreis der Vergleichswohnungen anders als aus der Größenangabe in Verbindung mit dem Gesamtpreis errechnen läßt. Flächenabweichungen der Vergleichswohnungen zur betroffenen Wohnung schaden jedoch nicht.
- Gewerblich vermietete Wohnungen oder nicht vermietete Wohnungen scheiden als Vergleichswohungen aus.
- Benennt der Vermieter drei Vergleichswohnungen, ist das Erhöhungsverlangen unwirksam, wenn auch nur eine der Wohnungen unter dem verlangten Mietzins liegt.
- Über Art, Beschaffenheit, Lage und Ausstattung der Vergleichswohnungen müssen zumindest stichwortartige Angaben gemacht werden.

91 Reagiert der Mieter auf das Zustimmungsverlangen innerhalb der Zustimmungsfrist, d. h. bis zum Ablauf des zweiten Kalendermonats, der auf den Zugang des Verlangens folgt, nicht, so gilt die Zustimmung als verweigert. Der Vermieter muß dann innerhalb der Klagefrist, d. h. bis zum Ablauf von weiteren zwei Monaten auf Erteilung der Zustimmung klagen. Stimmt der Mieter dem Mieterhöungsverlangen teilweise zu, ändert sich der Mietzins in dieser Höhe. Zahlt der Mieter kommentarlos den verlangten erhöhten Mietzins, kann darin eine konkludente Zustimmung gesehen werden, soweit dies über mehrere Monate erfolgt. Bei erteilter Zustimmung schuldet der Mieter die erhöhte Miete vom Beginn des dritten Kalendermonats an, der auf den Zugang des Erhöhungsverlanges folgt, § 2 Abs. 4 MHG.

4.2.3 Die Zustimmungsklage

Nach § 2 Abs. 3 Satz 1 MHG gilt folgendes: **92**

Stimmt der Mieter dem Erhöhungsverlangen nicht bis zum Ablauf des zweiten Kalendermonats zu, der auf den Zugang des Verlangens folgt, so kann der Vermieter bis zum Ablauf von weiteren zwei Monaten auf Erteilung der Zustimmung klagen. Erhebt der Vermieter vor Ablauf der Zustimmungsfrist Klage, so wird diese zulässig, wenn die Zustimmungsfrist zur Zeit des letzten Verhandlungstermins abgelaufen ist. Eine nach Ablauf der Klagefrist erhobene Zustimmungsklage ist unzulässig. Wiedereinsetzung in den vorigen Stand wegen Versäumung der Klagefrist gibt es nicht. Nach § 2 Abs. 3 Satz 2 MHG kann ein unwirksames Erhöhungsverlangen während des Prozesses durch Nachholung wirksam gemacht werden. Die Nachholung ist nicht möglich, wenn gar kein oder etwa nur ein mündliches Erhöhungsverlangen vorausgegangen ist. Prozessual ist zu beachten, daß der Vermieter nach § 91 a ZPO die Kosten des Verfahrens trägt, falls der Mieter dem im Prozeß wirksam nachgeholten, nunmehr wirksamen Erhöhungsverlangen während der im Prozeß laufenden Zustimmungsfrist zustimmt.

4.3 Mieterhöhung nach Modernisierung, § 3 MHG

93 Nach § 3 MHG kann der Vermieter einer Mietwohnung nach Durchführung einer Modernisierungsmaßnahme eine Mieterhöhung durchführen. Hierbei handelt es sich um ein einseitiges, begrenztes Erhöhungsrecht bei bestimmten baulichen Änderungen. Nicht ist, wie bei § 2 MHG, ein Zustimmungsverfahren durchzuführen. § 3 MHG steht in engem Zusammenhang mit § 541 b BGB. Nach 541 b BGB hat der Mieter Maßnahmen zur Verbesserung der gemieteten Räume oder sonstiger Teile des Gebäudes oder zur Einsparung von Heizenergie unter bestimmten Voraussetzungen zu dulden. Versagt der Mieter die Duldung, so kann der Vermieter bei Vorliegen der Voraussetzungen diese im Klageweg erzwingen. Hinsichtlich der Einzelheiten wird auf 5.2 Bezug genommen. Bereits hier sei darauf hingewiesen, daß einer Mieterhöhung nach § 3 MHG in der Regel eine **Duldungserklärung** durch den Mieter nach **§ 541 b BGB** vorausgehen muß. Etwas anderes gilt dann, wenn der Mieter eine Duldungserklärung zwar nicht abgegeben hat, er aber unter den Voraussetzungen des § 541 b BGB materiell zur Duldung der Modernisierungsmaßnahmen verpflichtet war. Hat dann der Vermieter dem Mieter zumindest gemäß § 541 b Abs. 2 Satz 1 BGB rechtzeitig Beginn, Art, Umfang und voraussichtliche Dauer sowie die zu erwartende

Erhöhung des Mietzinses mitgeteilt, kann der Vermieter eine Mieterhöhung nach § 3 MHG durchführen, obwohl eine ausdrückliche Duldungserklärung nicht abgegeben worden ist und auch eine vorangegangene gerichtliche Feststellung der Duldungspflicht nicht stattgefunden hat. Hat jedoch der Mieter eine Duldungserklärung nicht abgegeben und war er auch nicht nach § 541 b BGB zur Duldung verpflichtet, ist die Mieterhöhung nach § 3 MHG nicht möglich.

94 Die Mieterhöhung nach § 3 MHG setzt bauliche Maßnahmen voraus, die in § 3 Abs. 1 MHG aufgeführt sind. Es kann sich um bauliche Maßnahmen handeln, die nachhaltig den Gebrauchswert der Mietwohnung erhöhen, so Verbesserung der Belüftung, Entwässerung, des Schallschutzes, der Energieversorgung, der Wasserversorgung, der Beheizung, wobei es sich um eine nachhaltige Erhöhung des Gebrauchswertes handeln muß. Weiter kann es sich um eine Maßnahme handeln, die eine Verbesserung der allgemeinen Wohnverhältnisse bewirkt, so die Anlage und der Ausbau von Spielplätzen, Grünanlagen, Stellplätzen. Die nachhaltige Einsparung von Heizenergie liegt z. B. vor, wenn durch Verbesserung der Wärmedämmung oder ähnliches die Energiekosten eines Gebäudes um mindestens 10 % vermindert werden. Abzuziehen sind von den Kosten einer Modernisierung etwa darin enthaltene Instandsetzungskosten, d. h. Kosten, die allein durch die Behebung von Schäden, die infolge von Abnutzung oder Alterung eingetreten sind, entstanden wären. Die infolge einer Modernisierungsmaßnahme tatsächlich ersparten Instandsetzungskosten sind von der Mieterhöhung abzuziehen. Architektenkosten und Leistungen des Mieters sowie übermäßige unwirtschaftliche Kosten sind ebenfalls nicht zu berücksichtigen.

95 Der Anspruch auf Mieterhöhung nach § 3 MHG muß vom Vermieter schriftlich dem Mieter gegenüber geltend gemacht werden, § 3 Abs. 3 MHG. Die Erklärung ist nur wirksam, wenn in ihr die Erhöhung aufgrund der entstandenen Modernisierungskosten berechnet und entsprechend den Voraussetzungen des § 3 Abs. 1 MHG erläutert wird.

Aufzuführen ist in der Erhöhungserklärung:

- der Gesamtaufwand,
- der auf die Wohnung entfallende Teilbetrag,
- der angewandte Verteilungsschlüssel,
- die einzelnen Rechnungspositionen.

Nach § 3 Abs. 1 Satz 1 MHG kann der Vermieter eine Erhöhung der jährlichen Miete um 11 % der für die Wohnung aufgewendeten Kosten verlangen. Hat der Vermieter Zuschüsse oder Darlehen Dritter in Anspruch genommen, so muß er sich diese bei der Umlegung der Kosten gemäß § 3 Abs. 1 Satz 3–7 MHG anrechnen lassen. Die Aufteilung der Kosten bei mehreren Wohnungen muß, falls nicht festgestellt werden kann, welche Kosten auf die einzelnen Wohnungen entfallen, nach § 315 BGB vorgenommen werden. Maßstab ist im Zweifel hier die Wohnfläche. **96**

Nach § 3 Abs. 2 MHG soll der Vermieter den Mieter vor Durchführung der Modernisierungsmaßnahmen auf die voraussichtliche Höhe der entstandenen Kosten und die sich daraus ergebende Mieterhöhung hinweisen. Kommt der Vermieter dieser Hinweispflicht nicht nach, so ist der erhöhte Mietzins 3 Monate später fällig, § 3 Abs. 4 Satz 2 MHG. **97**

Im Falle einer Mieterhöhung nach § 3 MHG hat der Mieter ein Recht auf Einsicht in die beim Vermieter vorhandenen Belege. Der Vermieter kann jedoch nicht nur auf Belege verweisen und auf eine weitere Begründung der Mieterhöhung verzichten. Im Falle der Nichtzahlung des erhöhten Mietzinses muß der Vermieter Zahlungsklage zum zuständigen Amtsgericht erheben. **98**

4.4 Mieterhöhung nach Kapitalkostenerhöhung, § 5 MHG

Die Mieterhöhung wegen Erhöhung der Kapitalkosten nach § 5 MHG ist, wie die Mieterhöhungen nach den §§ 2 und 3 MHG nur bei Wohnraummietverhältnissen möglich. Sie tritt selbständig neben Mieterhöhungen nach den §§ 2 und 3. Anteilig auf den Mieter umgelegt werden können nur Erhöhungen von Fremdkapitalkosten – nicht Eigenkapitalkosten – die nach Inkrafttreten des MHG, also nach dem 1.1.1975 fällig geworden sind. Eine Erhöhung des Mietzinses nach § 5 MHG ist nur im Rahmen der ortsüblichen Vergleichsmiete nach § 2 MHG möglich. Das heißt, sobald die nach § 5 MHG erhöhte Miete die ortsübliche Vergleichsmiete erreicht, ist eine weitere Erhöhung nicht mehr möglich. Die Erhöhung nach § 5 MHG tritt nicht neben die ortsübliche Vergleichsmiete nach § 2 MHG. **99**

Fremdkapitalkosten, deren Erhöhung anteilig auf die Mieter umgelegt werden kann, sind: **100**

- Darlehenszinsen,
- ein Disagio,

- die Kosten einer Vor- und Zwischenfinanzierung,
- die Kosten der Kreditvermittlung und andere Kapitalbeschaffungskosten,
- laufende Verwaltungskosten, Beiträge und Kosten aus Bürgschaften für Fremdmittel, Rentenschulden und Erbbauzinsen.

Die Kapitalkosten müssen sich infolge einer Zinserhöhung des Effektivzinses erhöht haben, der ein dinglich gesichertes Baudarlehen betrifft. Eine nach § 138 BGB wegen Zinswucher nichtige Zinsvereinbarung begründet keinen Umlageanspruch nach § 5 MHG.

101 Die Erhöhung der Miete nach § 5 MHG wird beschränkt durch eine sog. **Stichtagsregelung** gemäß § 5 Abs. 1 Nr. 1 a und b MHG. Bei vor dem 1.1.1973 begründeten Mietverhältnissen gilt § 5 Abs. 1 Nr. 1 a MHG. Bei diesen Mietverhältnissen stellt die Zinserhöhung die Zinssatzdifferenz zwischen dem Zinssatz für das Darlehen zur Zeit der Mieterhöhung nach § 5 MHG und dem Zinssatz am 1.1.1973 dar. Bei nach dem 31.12.1972 begründeten Mietverhältnissen gilt § 5 Abs. 1 Nr. 1 b MHG. Hier stellt die Zinserhöhung die Zinssatzdifferenz zwischen dem Zinssatz für das Darlehen zur Zeit der Erhöhung nach § 5 MHG und dem Zinssatz zur Zeit der Begründung des Mietverhältnisses dar.

In beiden Fällen berechnet sich die Kapitalkostenerhöhung durch Multiplikation der Zinssatzdifferenz mit dem Darlehensbetrag.

Bei der Erhöhung nach § 5 ist nie der ursprüngliche Darlehensbetrag zugrundezulegen, sondern immer die Höhe des noch valutierten Darlehens zum jeweiligen Stichtag.

102 Gemäß § 5 Abs. 1 Nr. 2 MHG ist weitere Voraussetzung für die Möglichkeit einer Mieterhöhung wegen Kapitalkostenerhöhung, daß der Vermieter die Erhöhung nicht zu vertreten haben darf. Der Vermieter hat solche Kostensteigerungen nicht zu vertreten, die bei einer ordnungsgemäßen, wirtschaftlichen Verwaltung des Grundstücks unvermeidbar sind.

Nicht zu vertreten hat der Vermieter:

- Die Zinserhöhung bei Ablösung eines Zwischenfinanzierungsdarlehens durch ein anderes Darlehen, und zwar auch dann, wenn eine Laufzeitbegrenzung von vorne herein vereinbart war,
- eine Zinserhöhung ohne daß eine entsprechende Vertragsklausel vorhanden wäre, falls der Darlehensgeber mit Kündigung droht und Kapital zu billigeren Zinsen auf dem Markt nicht zu erhalten ist.

Zu vertreten hat der Vermieter: **103**

- Eine Zinserhöhung aufgrund freiwilliger Vereinbarung zwischen Darlehensgeber und Darlehensnehmer,
- Wegfall einer vertraglichen Zinsverbilligung, die schon bei Abschluß des Darlehensvertrages fest vereinbart worden war,
- falls Eigenkapital durch Fremdkapital ersetzt wird und dadurch erhöhte Kapitalkosten anfallen,
- im Falle des Eintritts eines Dritten anstelle des Vermieters in das Mietverhältnis.

  Nach § 5 Abs. 5 MHG darf durch diesen Vermieterwechsel der Mieter nicht höher belastet werden, als dies ohne den Eigentumsübergang möglich gewesen wäre,
- Verzug des Vermieters mit der Tilgung und dadurch bedingte Aufnahme eines teureren Darlehens.

104 Gemäß § 5 Abs. 1 Nr. 3 MHG muß das Darlehen hausbezogenen Zwecken gedient haben. Es darf also nicht privaten Zwecken gedient haben, ebenfalls darf es nicht z. B. der Finanzierung von baulichen Maßnahmen nach § 3 MHG gedient haben. Derartige Finanzierungskosten können nur im Rahmen der 11 %igen Umlage nach § 3 MHG berücksichtigt werden.

105 Nach § 5 Abs. 2 i.V.m. § 4 Abs. 2 Satz 2 MHG wird die Erhöhung durch schriftliche Erklärung, die die Darlegung enthält, daß sich der Zinssatz für ein bestimmtes Darlehen ab einem bestimmten Zeitpunkt infolge der Forderung eines bestimmten Gläubigers um einen bestimmten Zinsbetrag erhöht hat, durchgeführt. Weiter ist in der Erhöhungserklärung die Darlegung erforderlich, daß der Vermieter die Erhöhung nicht zu vertreten hat. Der Mieter kann die Einsicht in Belege und Berechnungsunterlagen verlangen. Wird sie ihm verweigert, hat er hinsichtlich des Erhöhungsbetrages ein Zurückbehaltungsrecht nach § 273 BGB. Wichtig ist, daß dann, wenn der Mieter die ihm mögliche Einsichtnahme in Belege nicht in Anspruch nimmt, er, falls es zum Prozeß kommt, die Ordnungsmäßigkeit der Erhöhung nicht pauschal bestreiten kann.

106 Nach § 5 Abs. 3 MHG hat der Vermieter auch eine Ermäßigung des Zinssatzes an den Mieter weiterzugeben. Diese findet aber höchstens um die Erhöhung nach § 5 Abs. 1 MHG statt. Hat der Mieter konkrete Anhaltspunkte für eine Ermäßigung des Zinssatzes, hat er einen Auskunftsanspruch gegen den Vermieter, den er gegebenenfalls im Wege der Auskunftsklage nach § 259 BGB durchsetzen kann. Der Anspruch auf Ermäßigung des Mietzinses ist ebenfalls im Wege der Klage auf Abgabe der Herabsetzungserklärung gegenüber dem Vermieter durchzusetzen. Gemäß § 5 Abs. 4 MHG hat der Vermieter das Recht auf Mieterhöhung nach § 5 Abs. 1 MHG während des gesamten Mietverhältnisses nicht, wenn er auf eine Anfrage des Mieters die Höhe der dinglich gesicherten Darlehen, für die sich der Zinssatz erhöhen kann, nicht offenlegt. Im Falle der Anfrage muß der Vermieter eine Einsichtnahme in Unterlagen nicht gestatten. Der Mieter kann aber die Anfrage während des Mietverhältnisses beliebig oft wiederholen.

4.5 Staffelmietvereinbarung

107 Die Möglichkeit einer Staffelmietvereinbarung stellt eine Ausnahme zum Grundsatz des § 10 Abs. 1 MHG dar, wonach Vereinbarungen, die zum Nachteil des Mieters von den Vorschriften der §§ 1 – 9 MHG abweichen, unwirksam sind. Staffelmietvereinbarungen können auch bei bestehenden Mietverhältnissen nachträglich getroffen werden. Während der Laufzeit einer Staffelmietvereinbarung sind gemäß § 10 Abs. 2 Satz 2 MHG Erhöhungen des Mietzinses nach den §§ 2, 3 und 5 MHG ausgeschlossen. Eine Staffelmietvereinbarung muß schriftlich getroffen werden. Die einzelnen Staffeln sind nach § 10 Abs. 2 Satz 3 MHG durch die Angabe eines bestimmten DM-Betrages in der Weise auszuweisen, daß der jeweils für ein Jahr geltende Mietzins sich aus dem Vertrag ergeben muß. Die Höhe des monatlichen Anfangsmietzinses und der jährlichen Erhöhungsbeträge genügt nicht. Die Höhe der Staffeln kann beliebig festgelegt werden. Grenze für die Staffeln ist weder die ortsübliche Vergleichsmiete noch die 30 %ige Kappungsgrenze. Begrenzt wird die Miethöhe bei Staffelmietvereinbarungen aber durch § 5 Wirtschaftsstrafgesetz und § 302 a StGB (Mietwucher). Gemäß § 10 Abs. 2 Satz 2 MHG darf die Vereinbarung eines gestaffelten Mietzinses nur einen Zeitraum bis zu jeweils 10 Jahren umfassen. Die Mindestlaufzeit beträgt zwei Jahre. Gemäß § 10 Abs. 2 Satz 2 MHG müssen die Staffeln mindestens ein Jahr lang unverändert sein. Mietzins im Sinne von § 10 Abs. 2 MHG ist die Grundmiete. Pauschalierte Nebenkosten, die nicht gesondert ausgewiesen sind, können jedoch enthalten sein.

108 Die Kündigung einer langjährigen Staffelmietvereinbarung ist, unter Einhaltung der gesetzlichen Kündigungsfrist, zum Ablauf einer Frist von vier Jahren nach § 10 Abs. 2 Satz 5 MHG zulässig. Einer Begründung bedarf diese Kündigung nicht. Es handelt sich hierbei nicht nur um die Kündigung der Staffelmietvereinbarung, sondern um die Kündiung des Mietverhältnisses insgesamt.

109 Wichtig ist, daß die Befristung des Mietvertrages nicht mit der Laufzeit der Staffelmietvereinbarung übereinstimmen muß. Läuft die Staffelmietvereinbarung aus, besteht das Mietverhältnis weiter und wird eine neue Mietzinsstaffel nicht vereinbart, gilt der zuletzt erreichte Mietzins weiter, im übrigen die ortsübliche Vergleichsmiete.

4.6 Mietminderung

4.6.1 Minderung bei Wohnraum- und bei Gewerberaummietverhältnissen

110 Die Vorschriften des BGB über die Mietminderung sind in den §§ 537 – 541 BGB enthalten. Minderung bedeutet nach § 537 BGB, daß der Mieter im Falle des Vorliegens eines Mangels der Mietwohnung weniger oder keine Miete bezahlen muß, je nachdem, ob dieser Fehler den Gebrauch der Mieträume stark oder weniger stark beeinträchtigt. Möglich ist außerdem ein Schadensersatzanspruch nach § 538 BGB, falls der Vermieter das Entstehen des Mangels zu vertreten hat oder mit der Beseitigung des Mangels in Verzug kommt. In letzterem Fall hat der Mieter nach § 538 Abs. 2 BGB ein Selbsthilferecht, er kann den Mangel selbst beseitigen und Ersatz seiner Aufwendungen verlangen. Kennt der Mieter jedoch den Mangel beim Abschluß des Vertrages, so kann er weder Minderung noch Schadensersatz geltend machen. Liegt ihm insoweit Fahrlässigkeit zur Last, sind seine Rechte eingeschränkt, § 539 BGB.

111 Hinsichtlich des Fehlerbegriffs und der Durchführung der Minderung gibt es zwischen Wohnraummietverhältnissen und Gewerberaummietverhältnissen keine Unterschiede. Zu beachten ist jedoch, daß gemäß § 537 Abs. 3 BGB bei einem Mietverhältnis über Wohnraum eine zum Nachteil des Mieters abweichende Vereinbarung unwirksam ist. Unzulässig ist z. B., das Minderungsrecht von einer vorherigen Ankündigung abhängig zu machen. Außerdem darf der Fehlerbegriff nicht einschränkend definiert werden.

112 Im Gegensatz dazu ist bei Gewerberaummietverhältnissen ein Ausschluß oder eine Einschränkung des Minderungsrechtes möglich. Zu beachten ist jedoch, daß der Ausschluß des gesamten oder eines Teils des Minderungsrechtes nach § 11 Nr. 10 a des Gesetzes über die Allgemeinen Geschäftsbedingungen jedenfalls durch Formularvertrag nicht möglich ist., wenn der Mieter nicht Voll- oder Minderkaufmann ist und der Vertrag zum Betrieb seines Handelsgewerbes gehört, § 24 Nr. 1 des Gesetzes über die Allgemeinen Geschäftsbedingungen. Natürlich sind auch im kaufmännischen Verkehr Klauseln, die das Minderungsrecht einschränken, nur zulässig, soweit nicht Unbilligkeit oder Sittenwidrigkeit nach den §§ 138, 242 BGB vorliegt.

4.6.2 Fehlerbegriff

113 Nach § 537 Abs. 1 BGB liegt ein Fehler der Mietsache vor, wenn ihre Tauglichkeit zu dem vertragsmäßigen Gebrauch aufgehoben oder gemindert ist. Dasselbe gilt nach § 537 Abs. 2 BGB, wenn die Mietsache eine zugesicherte Eigenschaft nicht aufweist.

Folgende Fehlergruppen lassen sich bilden:

- Mängel, die den Mieträumen selbst anhaften,
- Mängel im Umfeld der Mieträume, als öffentlich-rechtliche Beschränkung oder als Rechtsmangel,
- Fehlen zugesicherter Eigenschaften.

114 Fehler oder Mängel, die den Mieträumen selbst anhaften, sind vor allem Baumängel. Hier kann eine unzureichende bauliche Konstruktion vorliegen, z. B durch unzureichende Wärmedämmung, Undichtheit des Daches eines Gebäudes, undichte Fenster, austretendes Wasser aus undichten Rohren, schadhafte Fußböden, mangelhafte Bodenisolierung oder unzureichender Schallschutz.

Umstritten ist, ob ein Gebäude, das den zur Zeit der Erbauung geltenden technischen Vorschriften entsprochen hat, mangelhaft im Sinne des § 537 BGB sein kann. Richtigerweise muß man auf die tatsächlich objektiv feststellbaren Gegebenheiten abstellen, denn auch ein Gebäude, das z. B. nachweislich den zur Zeit der Erbauung geltenden Schallschutzvorschriften entspricht, kann aus einem nicht ohne weiteres feststellbaren und vom Vermieter nicht zu vertretenden Grund überaus hellhörig sein. Auch in einem derartigen Fall ist der Mieter zur Minderung des Mietzinses berechtigt.

115 Feuchtigkeitsschäden können sowohl auf Baumängel, z. B unzureichende Wärmedämmung, zurückzuführen sein, als auch auf Verhalten des Mieters, z. B. unzureichende Beheizung oder Lüftung. Falls letzteres festgestellt wird, wird der Mieter, der z. B. wegen auftretender Schimmelbildung den Mietzins mindert, im anschließenden Gerichtsverfahren, in dem der Vermieter die nicht bezahlten Mietzinsbeträge einklagt, unterliegen. Möglicherweise muß sich der Mieter ein Mitverschulden anrechnen lassen, der Grad der zulässigen Minderung wäre dann niedriger anzusetzen. Handelt es sich um neu erbaute Gebäude oder Altgebäude, bei denen z. B. Fenster und Türen durchlässig geworden sind, kann vom Mieter nicht verlangt werden, seine Heizungs- und Lüftungsgewohnheiten nach den wärmetechnischen Gegebenheiten der Räume einzurichten. Der Mieter ist nämlich nur zum vertragsmäßigen Gebrauch der Wohnung verpflichtet. Etwas anderes gilt in Grenzen nur dann, wenn der Mieter vom Vermieter besonders auf die Notwendigkeit verstärkten Heizens und Lüftens während der Neubaufeuchtigkeit hingewiesen worden ist.

116 Mängel, die Mieträumen selbst anhaften, sind auch Mängel in der **Bewirtschaftung der Mieträume**. Dies sind Mängel, die die Versorgung der Räume mit Wasser, Heizung, Strom und die Entsorgung, wie Müllabfuhr, Kanalisation betreffen. Hier handelt es sich z. B. um einen teilweisen Ausfall der Warmwasserversorgung, Auftreten von Silberfischen in einer Wohnung, mangelhafte Beheizung der Räume, einen defekten Hausmüllschlucker, eine defekte Toilettenlüftung, mangelhafte Stromversorgung durch defekte Steckdosen, nicht funktionierende Dusche in einer Wohnung.

117 Mängel in der Beschaffenheit der Räume berechtigen nur in seltenen Fällen zur Minderung. Dies bereits deshalb, weil in diesem Fall in der Regel der Mieter bei dem Abschluß des Vertrages den Mangel der gemieteten Sache kennt, § 539 BGB. Anzuführen ist insbesondere die **Wohnungsgröße**. Die Angabe der Wohnungsgröße im Mietvertrag ist keine Zusicherung einer Eigenschaft einer Mietwohnung. Es kommt hier daher auch nicht Minderung nach § 537 Abs. 2 Satz 2 BGB wegen Fehlens einer zugesicherten Eigenschaft in Betracht. Etwas anderes gilt dann, wenn durch eine Größenabweichung gegenüber der angegebenen Wohnungsgröße eine nicht unerhebliche Minderung der Gebrauchstauglichkeit eintritt. Hier kommt Minderung in Betracht. Ist die Wohnungsgröße im Mietvertrag nicht nur angegeben, sonder vertraglich zugesichert, so kommt bei erheblicher Abweichung der tatsächlichen Wohnungsgröße von der zugesicherten Mietzinsminderung in Betracht. Dies ergibt sich auch bereits aus § 537 Abs. 2 Satz 2 BGB, wonach bei Vermietung eines Grundstücks die Zusicherung einer bestimmten Größe der Zusicherung einer Eigenschaft gleich steht.

118 Auch Mängel **im Umfeld** von Mieträumen, **öffentlich-rechtliche Beschränkungen** oder **Rechtsmängel** können zur Minderung berechtigen. Hierbei muß es sich aber um Einwirkungen handeln, die sich nicht im Rahmen des für die Lage der Räume Üblichen halten. Liegen z. B. die Mieträume in einem Industriegebiet, so kann Lärm-, Geruchs- oder Staubbelästigung als üblich und damit nicht zur Minderung berechtigend angesehen werden.

Im einzelnen gilt folgendes:

Minderung ist möglich bei ständigem Lärm aus einer Nachbarwohnung, ebenfalls Gaststättenlärm, der den zulässigen Lärmpegel überschreitet, bei Beeinträchtigung des Lichteinfalles durch Nachbarbebauung entgegen den öffentlich-rechtlichen Vorschriften, bei Lärm oder sonstigen Beeinträchtigungen durch Baumaßnahmen auf dem Nachbargrundstück sowie bei erheblichem Fluglärm.

Auch hier ist zu beachten, daß die Kenntnis des Mieters bei Abschluß des Vertrages seine Minderungsrechte ausschließt, § 539 BGB.

119 Öffentlich-rechtliche Beschränkungen als Mängel der Mieträume sind nicht dasselbe wie Rechtsmängel nach § 541 BGB. § 541 BGB betrifft die Beschränkung des Mieters durch Privatrechte Dritter. Öffentlich-rechtliche Beschränkungen dürfen nicht vom Mieter geduldet sein, da dies einen Verzicht auf Minderungsrechte bedeuten würde. Außerdem liegt dann kein Mangel der Mieträume vor, wenn der Mieter ohne weiteres ein Verbot abwenden kann. Beispiele für die Berechtigung zur Minderung sind:

- Das behördliche Verbot der Errichtung neuer Betriebe bei einem Gewerberaummietverhältnis,
- die Einstellungsanordnung für den Gewerbebetrieb des Mieters infolge Lärmbelästigung,
- ein Verbot, als Wohnraum vermietete Räume zu Wohnzwecken zu nutzen, wobei Minderung auch dann möglich ist, wenn die Räume als vertragsmäßig angenommen und bewohnt worden sind.

120 Nach § 537 Abs. 2 BGB kann das Fehlen einer **zugesicherten Eigenschaft** zur Minderung berechtigen. Eine Zusicherung muß aber in vertragsmäßig bindender Form, insbesonders unter Beachtung der Schriftform des § 566 BGB erfolgt sein. Die Zusicherung kann nur in Ausnahmefällen angenommen werden. Gegenstand der Zusicherung können die Umstände sein, die einen Mangel der Mieträume im Sinne des § 537

Abs. 1 BGB darstellen, darüber hinaus aber jede Beschaffenheit und jedes tatsächliche und rechtliche Verhältnis, das für den Gebrauch oder die Wertschätzung der Mieträume von Bedeutung ist. Nicht kommt es darauf an, ob die zugesicherte Eigenschaft vom Vermieter überhaupt herbeigeführt werden kann. Besonders bei gewerblichen Mietverhältnissen spielen Zusicherungen eine bedeutende Rolle, so z. B. Zusicherung der Brauereifreiheit einer Gaststätte, eines bestimmten Umsatzes bei der Verpachtung einer Gastwirtschaft, der Bebauungsmöglichkeit, der fehlenden Ansiedlung von Konkurrenzunternehmen. Wenn eine zugesicherte Eigenschaft fehlt, ist der Mieter auch im Falle der unerheblichen Minderung der Tauglichkeit der Mieträume zur Minderung des Mietzinses berechtigt.

4.6.3 Durchführung und Höhe der Minderung

121 Liegt ein Mangel der Mieträume vor, hat der Mieter neben dem Minderungsrecht den Erfüllungsanspruch nach § 536 BGB auf Überlassung mangelfreier Räume und das Zurückbehaltungsrecht aus § 320 BGB. Letzteres bedeutet, daß der Mieter die Zahlung des Mietzinses über den wegen einer zulässigen Minderung gerechtfertigten Betrag hinaus verweigern kann. Das Zurückbehaltungsrecht kann bis in Höhe des 3 bis 5-fachen Betrages einer berechtigten Mietminderung ausgeübt werden.

122 Folgendes hat der Mieter in einem Minderungsfall zu beachten:

Zeigt sich im Verlauf des Mietverhältnisses ein Mangel, hat der Mieter diesen unverzüglich dem Vermieter anzuzeigen, § 545 BGB. Andernfalls geht das Minderungsrecht verloren. Zahlt der Mieter den Mietzins nach der Mängelanzeige weiter in voller Höhe, so kann er Minderung nur dann rückwirkend auf den Zeitpunkt der Mängelanzeige geltend machen, wenn er bei der Mietzahlung einen **Vorbehalt** macht. Hat der Mieter keinen Vorbehalt bei seinen Mietzahlungen ausgeübt, sondern nach Mangelanzeige vorbehaltlos weiter den vollen Mietzins bezahlt, so kann er sich für einen in der Vergangenheit liegenden Zeitraum nicht auf Minderung berufen. Dies gilt deshalb, weil der Mieter durch seine vorbehaltlose Mietzinszahlung zu erkennen gibt, daß er die Mieträume als vertragsgemäß und mangelfrei annimmt. Einer Ankündigung der Minderung bedarf es nicht. Aufgrund eines Mangels der Mieträume ist der Mietzins kraft Gesetzes gemindert. Bei Wohnraummietverhältnissen ist eine Vertragsklausel, die eine vorherige Ankündigung der Minderung verlangt, nach § 537 Abs. 3 BGB unwirksam.

123 Die **Höhe der Minderung** im Einzelfall kann sich zwischen einer völligen Aufhebung der Gebrauchstauglichkeit, die den Mieter während dieser Zeit von der Entrichtung des Mietzinses völlig befreit und einer unerheblichen Minderung der Tauglichkeit, die nicht zur Minderung berechtigt, § 537 Abs. 1 Satz 2 BGB, bewegen. Ist die Tauglichkeit gemindert, so ist der Mieter nur zur Entrichtung eines der Einschränkung der Tauglichkeit entsprechenden Teils des Mietzinses verpflichtet. Der geminderte Mietzins gilt als der vereinbarte. Nach § 537 Abs. 1 BGB erfolgt die Berechnung der Minderung entsprechend § 472 BGB. Der Mietzins ist also in dem Verhältnis herabzusetzen, in dem der Wert der mangelfreien Mieträume zum Wert der mangelhaften steht.

Folgende **Einzelfälle** aus der Rechtsprechung seien aufgeführt:

- 5 % Minderung bei Durchfeuchtung eines Kellerraumes nach Regenfällen, Verunreinigung des Balkons durch nistende Tauben,
- 10 % Minderung bei Schimmelbefall in mehreren Räumen infolge Feuchtigkeit,
- 15 % Minderung bei Heizungsausfall,
- 20 % Minderung bei Feuchtigkeit in der Wohnung, Auftreten von Silberfischen in einer Wohnung,
- 30 % Minderung bei einer Durchschnittstemperatur im Wohnzimmer von 15 Grad,
- 50 % Minderung bei Totalausfall der Heizung in den Wintermonaten,
- 100 % Minderung bei totalem Heizungsausfall im Herbst und Winter, bei Unbewohnbarkeit der Wohnung wegen Umbaus und Neugestaltung.

Aus der Fülle der Rechtsprechung läßt sich ein einheitliches Bild über die Höhe der jeweils angebrachten Minderung nicht gewinnen. Es kann jedoch gesagt werden, daß offensichtlich geringfügige Mängel, wie z. B. Rauschen in Heizkörpern oder schwergängige Türen und Fenster nicht zur Minderung berechtigen. Andererseits berechtigen Mängel, die zur ganzen oder teilweisen Unbewohnbarkeit einzelner Räume oder der gesamten Mieträume führen, zu erheblicher Minderung zwischen 50 und 100 % des Mietzinses.

124 Der Mieter geht das Risiko ein, bei entsprechendem **Zahlungsverzug infolge Minderung** mit einer Kündigung des Mietverhältnisses durch den Vermieter nach §§ 554, 554 a BGB rechnen zu müssen. Andererseits trifft den zur Minderung berechtigten Mieter kein Verschulden, wenn er sich über den Umfang seines Minderungsrechtes irrt und deshalb zuviel mindert. In diesem Fall kann der Vermieter nicht wegen der Mietrückstände, die auf den zu Unrecht geminderten Teil des Mietzinses entfallen, aus schuldhafter Vertragsverletzung oder Zahlungsverzug kündigen.

125 Verschuldet hat der Mieter den Zahlungsverzug jedoch, wenn er mit offensichtlich abwegigen und nicht relevanten Minderungsgründen mindert. Dem Mieter ist zuzumuten, gegebenenfalls fachkundigen Rat einzuholen und sogar ein Sachverständigengutachten über die zulässige Höhe der Minderung erstellen zu lassen. Die Gutachterkosten sind dann vom Vermieter zu ersetzen, wenn das Gutachten erforderlich war, um dem Mieter die Verfolgung seiner Rechte zu ermöglichen. Ist der Mieter in einem Minderungsprozeß rechtskräftig zur Zahlung des von ihm einbehaltenen Mietzinses verurteilt worden und mindert er anschließend wegen desselben Sachverhalts erneut, so hat er den Zahlungsverzug nunmehr verschuldet und er setzt sich einer Kündigung des Mietverhältnisses aus.

126 Das Minderungsrecht ist ausgeschlossen, wenn nach § 539 BGB der Mieter den Mangel beim Abschluß des Mietvertrages oder bei Übernahme der Räume kennt, auch grob fahrlässige Unkenntnis vom Bestehen eines Mangels bei der Wohnungsübernahme schadet insoweit. Bei der Frage, ob den Mieträumen eine zugesicherte Eigenschaft fehlt, schadet grob fahrlässige Unkenntnis nicht, §§ 539 Satz 2, 460 Satz 2 BGB. Der Mieter muß nicht nachprüfen, ob eine zugesicherte Eigenschaft vorliegt.

127 Hat der Vermieter das Vorliegen eines Mangels arglistig verschwiegen, verliert der Mieter sein Minderungsrecht nur bei Kenntnis des Mangels. Hier schadet die fahrlässige Unkenntnis nicht, §§ 539 Satz 2 i.V.m. 460 Satz 2 BGB. Arglist bedeutet, daß der Vermieter den Mangel kennt oder zumindest mit ihm rechnet und weiß, daß der Mieter ihn nicht kennt. Der Vermieter hat gegenüber dem Mieter eine Aufklärungsverpflichtung.

128 Kennt der Mieter bei der Übernahme der Räume einen Mangel und zahlt vorbehaltlos den Mietzins, so verliert er grundsätzlich sein Minderungsrecht. Dem Vorbehalt des Minderungsrechtes steht es gleich, wenn der Mieter die Mangelbeseitigung verlangt und der Vermieter sie zusagt. Liegt nichts dergleichen vor, so können bei Mängeln, die im Verlauf des Mietverhältnisses auftreten, die Minderungsansprüche aufleben, wenn sich das Leistungsgefüge ändert, vor allem, wenn eine Mieterhöhung vorgenommen wird. In diesem Fall können, auch wenn die Mieterhöhung gerechtfertigt ist, Minderungsansprüche wieder aufleben.

129 Kommt es zwischen Mieter und Vermieter zu einem **Minderungsprozeß**, so ist der Mieter beweispflichtig: Für das Vorliegen eines Fehlers der Mietwohnung, eine Reparaturzusage durch den Vermieter, die Annahme der Mieträume unter Vorbehalt, die Rechtzeitigkeit der Absendung der Mängelanzeige nach § 545 BGB und, daß die Tauglichkeit der Mieträume zum vertragsmäßigen Gebrauch wegen des Mangels beeinträchtigt ist. Der Vermieter trägt die Beweislast für eine unerhebliche Minderung der Tauglichkeit durch einen Mangel, für Kenntnis oder grob fahrlässige Unkenntnis des Mangels durch den Mieter bei Vertragsabschluß bzw. Übernahme der Mieträume, dafür, daß ein festgestellter Mangel der Räume vom Mieter zu vertreten ist, falls offen ist, ob der Mangel auf einen Fehler der Bausubstanz oder das Wohnverhalten des Mieters zurückzuführen ist (vgl. auch Rz. 296, 297).

4.6.4 Schadensersatz

130 Der Schadensersatzanspruch nach § 538 BGB tritt neben den Minderungsanspruch. Voraussetzung ist, daß ein Mangel im Sinne des § 537 BGB bei Vertragsabschluß vorlag oder nach Vertragsabschluß infolge eines Umstandes, den der Vermieter zu vertreten hat, entstanden ist oder der Vermieter mit der Beseitigung eines Mangels in Verzug ist.

Bei § 538 Abs. 1, 1. Alternative BGB handelt es sich um eine Garantiehaftung des Vermieters. Verschulden ist hier nicht erforderlich. Der Vermieter haftet also ohne Verschulden bei Vorhandensein eines Mangels bei Vertragsabschluß, also auch, wenn der Mangel für den Vermieter nicht erkennbar war. Entsteht ein Mangel nachträglich durch Verschulden des Vermieters, § 538 Abs. 1, 2. Alternative BGB, so haftet der Vermieter für Vorsatz und Fahrlässigkeit, sowie für Erfüllungsgehilfen nach den §§ 276, 278 BGB.

131 Im Falle des Verzuges des Vermieters bei der Mangelbeseitigung im Sinne von § 538 Abs. 1, 3. Alternative BGB ist zu beachten, daß Verzug eine Mahnung voraussetzt. Diese Mahnung wird durch die Mängelanzeige nach § 545 BGB nicht ersetzt. Inhalt der Mahnung ist die Aufforderung an den Vermieter, einen Mangel innerhalb angemessener Frist zu beseitigen. Die Verzögerung der Mangelbeseitigung muß der Vermieter zu vertreten haben. Haben Mieter und Vermieter einen bestimmten Termin für die Mangelbeseitigung vereinbart, bedarf es der Mahnung nicht.

Dies gilt auch dann, wenn der Vermieter einen bestimmten Termin für die Mangelbeseitigung zugesichert hat. Hat der Vermieter die Mangelbeseitigung ernsthaft und endgültig verweigert, ist die Mahnung ebenfalls entbehrlich.

132 Der Mieter kann beim Schadensersatzanspruch nach § 538 BGB alle Schäden ersetzt verlangen, die durch den Mangel verursacht worden sind. Hierzu gehören die Mangelbeseitigungskosten, entgangener Gewinn, Schäden an vom Mieter eingebrachten Sachen, Mangelfolgekosten, wie Umzugskosten, Kosten eines Gutachtens oder Beweissicherungsverfahrens. Den Schadensersatzanspruch hat der Mieter und die Personen, die in dem Schutzbereich des Vertrages einbezogen sind, wie Ehegatten, Kinder, Hausangestellte. Diese haben einen selbständigen Schadensersatzanspruch gegen den Vermieter. Ein mitwirkendes Verschulden des Mieters ist nach § 254 BGB zu berücksichtigen.

Falls sich der Vermieter mit der Beseitigung eines Mangels in Verzug befindet, kann der Mieter nach § 538 Abs. 2 BGB zwischen Schadensersatz nach § 538 Abs. 1 BGB und Selbstbeseitigung nach § 538 Abs. 2 BGB wählen. Der Mieter kann im Falle der Selbstbeseitigung eines Mangels vom Vermieter einen Vorschuß in Höhe der voraussichtlich zur Mangelbeseitigung erforderlichen Kosten verlangen.

5 Modernisierung und Erhaltung der gemieteten Räume

5.1 Erhaltungsmaßnahmen, § 541 a BGB

133 Nach § 541 a BGB hat der Mieter von Räumen Einwirkungen auf die Mietsache zu dulden, die zur Erhaltung der Mieträume oder des Gebäudes erforderlich sind. §§ 541 a und 541 b BGB unterscheiden sich darin, daß § 541 a BGB den Zweck verfolgt, über die Duldungspflicht des Mieters Erhaltungsmaßnahmen nach § 536 BGB dem Vermieter zu ermöglichen, § 541 b BGB jedoch den Zweck verfolgt, die Modernisierung und Verbesserung von Räumen zu ermöglichen und zu fördern. Bei Gewerberaummietverhältnissen sind in stärkerem Maße als bei Wohnraummietverhältnissen von den gesetzlichen Vorschriften des § 541 b BGB abweichende Vereinbarungen zulässig. Näheres vergleiche unter 5.3..

134 Erhaltungsmaßnahmen sind Maßnahmen, die zur Erhaltung des ursprünglichen Zustandes der Räume erforderlich sind. Darunter fallen z. B. folgende Maßnahmen:

- Reparatur von Feuchtigkeits- und Brandschäden,
- Schönheitsreparaturen, soweit der Vermieter sie vornimmt.

Liegt das Schwergewicht einer Maßnahme auf einer Modernisierungs- oder Verbesserungsmaßnahme, so richtet sich die Duldungspflicht des Mieters nach § 541 b BGB. Im Unterschied zu der gesetzlichen Regelung des § 541 b BGB ist die Duldungspflicht des Mieters bei der Durchführung von Erhaltungsmaßnahmen grundsätzlich nicht begrenzt. Auf das Ausmaß der durch die Maßnahme hervorgerufenen Beeinträchtigung kommt es grundsätzlich nicht an. Es gilt jedoch die Grenze der Zumutbarkeit, d. h., Erhaltungsmaßnahmen, die nicht als sofortige Maßnahme erforderlich sind und zur Unzeit, also abends, nachts oder am Wochenende erfolgen, sind nicht zumutbar. Einwirkungen im Sinne der Vorschrift des § 541 a BGB sind Störungen durch Lärm, Schmutz, Erschütterung, Zugangsbeschränkungen usw.

135 Stimmt der Mieter einer Erhaltungsmaßnahme nicht zu, muß auch im Falle des § 541 a BGB der Vermieter Klage auf Duldung als Klage auf Abgabe einer Willenserklärung erheben. Lediglich, falls es sich um eine unaufschiebbare Maßnahme, z. B. wegen eindringender Feuchtigkeit, Wasserrohrbruch etc. handelt, kann eine einstweilige Verfügung beantragt werden oder es kann sofort gehandelt werden. Falls durch die Erhaltungsmaßnahme eine nicht unerhebliche Minderung der Gebrauchstauglichkeit der Räume eintritt, hat der Mieter während der Durchführung der Maßnahme einen Minderungsanspruch. In Betracht kommt auch ein Schadensersatzanspruch nach § 538 BGB.

5.2. Verbesserungsmaßnahmen, § 541 b BGB

5.2.1 Begriff der Verbesserungsmaßnahmen

136 Der Begriff der Verbesserungsmaßnahmen wird in § 541 b BGB nicht definiert. Nach der Rechtsprechung handelt es sich um Maßnahmen, die objektiv den Gebrauchswert der Räume oder des Gebäudes als solches erhöhen. Folgende Einzelbeispiele seien aufgeführt:

Einbau neuer Steckdosen, Einbau neuer Toiletten und Bäder; Ersatz von Einfachfenstern durch Doppelfenster, Einbau von Isolierglasfenstern, Anschluß an das Breitbandkabelnetz der Deutschen Bundespost, Verstärkung der Elektroleitungen, Neuverlegung von Heizungs-, Frischwasser- und Abwasserrohren zum Anschluß einer Wohnung, Einbau moderner Schlösser, Einbau eines Fahrstuhls, Schallschutzverbesserungsmaßnahmen.

137 Die Duldungspflicht des § 541 b BGB erstreckt sich außer auf Verbesserungsmaßnahmen auch auf Maßnahmen zur Einsparung von Heizenergie. Hier kann es sich um eine wesentliche Verbesserung der Wärmedämmung der Fenster, Türen und Dächer handeln, Einbau einer Rückgewinnungsanlage für Wärme, Wärmepumpen, Solaranlagen. Im Gegensatz zu Verbesserungsmaßnahmen muß eine Verbesserung des Gebrauchswertes bei der Maßnahme zur Einsparung von Heizenergie nicht vorliegen.

5.2.2 Duldungspflicht des Mieters

138 Der Mieter ist zur Duldung einer Verbesserungsmaßnahme oder Maßnahme zur Einsparung von Heizenergie nicht verpflichtet, falls die Maßnahme für ihn oder seine Familie eine besondere Härte bedeutet, die auch unter Berücksichtigung der Interessen des Vermieters und anderer Mieter in dem Gebäude nicht zu rechtfertigen ist. Es handelt sich also um eine Interessenabwägung zwischen den Interessen des Mieters und seiner Familie und den Interessen des Vermieters und anderer Mieter, denen eine derartige Maßnahme zugute kommt. Die in § 541 b BGB aufgeführten Umstände, die bei der Abwägung der beiderseitigen Belange zu berücksichtigen sind, sind nicht abschließend, sondern nur beispielhaft. Auch andere Umstände können berücksichtigt werden.

139 Die zu berücksichtigenden Interessen des Vermieters liegen in der Nutzung, Pflege und Werterhöhung seines Eigentums. Kein zu berücksichtigendes Interesse stellt lediglich die Erzielung eines höheren Mietzinses dar, da der Vermieter nach Durchführung einer Modernisierungsmaßnahme die Möglichkeit einer Mieterhöhung nach § 3 MHG hat.

Die Interessen anderer Mieter bestehen darin, daß ihnen eine Verbesserungsmaßnahme zugute kommen kann. Sie können insofern die Interessen des Vermieters an der Durchführung einer Maßnahme verstärken.

140 Eine **nicht zu rechtfertigende Härte** für den betroffenen Mieter oder seine Familie kann nach dem Gesetz u. a. vorliegen durch:

- Die vorzunehmenden Arbeiten:
  Hier kommt es darauf an, inwieweit der Mieter durch die zu erwartenden Arbeiten in der Nutzung seiner Räume beeinträchtigt wird, sie z. B. vorübergehend unbenutzbar werden.
- Die baulichen Folgen der Arbeiten:
  Es kann sich um eine Verkleinerung der Wohn- oder Nutzfläche handeln oder andere Einwirkungen auf die Nutzungsmöglichkeit, wie veränderte Immissionen als Folge der Modernisierungsmaßnahme.
- Verwendungen des Mieters:
  Verwendungen des Mieters sind insofern zu berücksichtigen, als Verbesserungsmaßnahmen des Vermieters, die sich auf dieselben Teile der Räume beziehen, die der Mieter auf eigene Kosten modernisiert hat, oder die Modernisierungsmaßnahme des Mieters beseitigen, eine besondere Härte darstellen.
- Zu erwartende Erhöhung des Mietzinses:
  Modernisierungsmaßnahmen, die zu einer für den Mieter nicht mehr tragbaren Miete führen, hat dieser nicht zu dulden. Bei der Höhe der Miete muß der Mieter sich allerdings seinen Anspruch auf Wohngeld anrechnen lassen und zwar auch dann, wenn er ihn nicht geltend macht. Wenn sich der Mieter bei Vertragsabschluß mit einer Modernisierungsmaßnahme einverstanden erklärt hat und ihm zu dieser Zeit die Kosten finanziell zumutbar gewesen wären, kann er sich später nicht auf eine besondere Härte durch die Erhöhung des Mietzinses berufen.

Nach § 541 b BGB ist die zu erwartende Mieterhöhung nicht zu berücksichtigen, wenn die gemieteten Räume oder sonstigen Teile des Gebäudes lediglich in einen **Zustand** versetzt werden, **der allgemein üblich** ist. Was „allgemein üblich" ist, richtet sich nach dem Zustand der weit überwiegenden Mehrheit aller im Geltungsbereich des Gesetzes gelegenen Mietwohnungen unter Einbeziehung der Altbauwohnungen und ist regelmäßig ohne Rüchsicht auf Alter und Lage der Wohnung, lokale Besonderheiten und Gebäudestruktur zu ermitteln. Vom Begriff einer „weit überwiegenden Mehrheit" ist bei einem gleichartigen Zustand von mindestens 90 % der Wohnungen auszugehen. Als allgemein üblicher Zustand kann in der Regel angesehen werden: **141**

- Beheizbarkeit der Wohnung
- Eigener Wohnungswasseranschluß und -abfluß
- Eigenes WC
- Stromversorgung und/oder Gasversorgung
- Beleuchtungsmöglichkeit und Kochgelegenheit
- Einfachverglasung

Andere zu berücksichtigende Umstände, die einen Härtegrund, der die Duldung einer Modernisierungsmaßnahme durch den Mieter ausschließt, darstellen, können sein: **142**

- Ein kurz bevorstehendes Vertragsende. Ist der Mietvertrag gekündigt, besteht keine Duldungspflicht mehr für Modernisierungsmaßnahmen.

5.2.3 Mitteilungspflicht des Vermieters

Nach § 541 b Abs. 2 BGB hat der Vermieter dem Mieter zwei Monate vor dem Beginn der Maßnahme deren Art, Umfang, Beginn und voraussichtliche Dauer sowie die zu erwartende Erhöhung des Mietzinses schriftlich mitzuteilen. Unterläßt der Vermieter die Ankündigung, sind die Modernisierungsmaßnahmen durch den Mieter nicht zu dulden. Die Ankündigung ist daher formelle Voraussetzung des Duldungsanspruchs. **143**

Die Mitteilung muß schriftlich erfolgen, d. h. eigenhändige Unterzeichnung durch den Vermieter ist erforderlich. Die Erklärung muß grundsätzlich durch alle Vermieter oder im Namen aller Vermieter mit entsprechender Vollmacht abgegeben werden. Die Mitteilung muß spätestens zwei Monate vor dem Beginn der Ausführungsarbeiten, nicht nur von Vorbereitungsarbeiten, erfolgen. Wird der angekündigte Zeitpunkt nicht **144** eingehalten, wird die schriftliche Mitteilung gegenstandslos. In einer bei späterer Durchführung der Maßnahme erneuten schriftlichen Mitteilung kann hinsichtlich des Inhalts auf die frühere Mitteilung Bezug genommen werden.

145 Die Mitteilung muß eine zumindest ungefähre Beschreibung der beabsichtigten Maßnahme nach Art und Umfang enthalten. Dem Mieter muß ein konkreter Beginn mitgeteilt werden. So ist z. B. der bloße Hinweis, die Arbeiten könnten kurzfristig begonnen werden, nicht ausreichend. Angaben über eine „Dauer von 2–3 Monaten“ ist zu unbestimmt. Die zu erwartende Erhöhung des Mietzinses ist in einem bestimmten Betrag anzugeben. Die Mitteilung kann nicht sukzessive erfolgen. Sind die zunächst gemachten Angaben nicht ausreichend, kann die Mitteilung nicht durch spätere Ergänzungen wirksam gemacht werden.

Auf die schriftliche Mitteilung der Modernisierungsmaßnahme nach § 541 b Abs. 2 BGB kann der Mieter nicht wirksam verzichten, § 541 b Abs. 4 BGB.

146 Zu beachten ist noch, daß der Mieter nach § 541 b Abs. 2 Satz 2 BGB im Falle einer vom Vermieter angekündigten Verbesserungsmaßnahme ein Sonderkündigungsrecht hat, weiter, daß bei Bagatellmaßnahmen im Sinne des § 541 b BGB Abs. 2 Satz 4 BGB die Mitteilungspflicht und das Sonderkündigungsrecht entfällt, nicht jedoch die Duldung und daß der Mieter bei Durchführung einer Maßnahme einen **Aufwendungsersatzanspruch** nach § 541 b Abs. 3 BGB hat. Bei vom Vermieter zu ersetzenden Aufwendungen handelt es sich z. B. um

- Kosten für die vorübergehende Auslagerung der Möbel des Mieters,
- die Erneuerung von Schönheitsreparaturen,
- Reinigungskosten,
- Hotelkosten.

147 Die Aufwendungen müssen angemessen sein und im Verhältnis zu den Beeinträchtigungen durch die Modernisierungsmaßnahme stehen. Die Kosten der Hotel-, Restaurant-, Pensionsverpflgung sind dem Mieter, der während der Dauer der Unbewohnbarkeit seiner Wohnung wegen Modernisierungsarbeiten in ein Hotelappartement mit Küche zieht, vom Vermieter nicht zu erstatten. Nach § 541 b Abs. 3 BGB hat der Vermieter auf Verlangen dem Mieter für Aufwendungen, die aufgeschlüsselt werden müssen, Vorschuß zu leisten. Solange der Vorschuß nicht geleistet ist, kann der Mieter die Duldung der Maßnahme verweigern.

Nach Durchführung einer Maßnahme hat der Vermieter eine Schadensbeseitigungspflicht nach § 536 BGB. Eine Mitwirkungspflicht des Mieters, z. B. durch Reinigungs- oder Abdeckarbeiten besteht gesetzlich nicht. **148**

5.3 Regelungen für Gewerberaummietverhältnisse

Während nach § 541 b Abs. 4 BGB bei Wohnraummietverhältnissen zum Nachteil des Mieters abweichende Vereinbarungen von § 541 b BGB unwirksam sind, besteht diese Beschränkung bei Gewerberaummietverhältnissen nicht. Hier werden z. B. in Formularverträgen generelle Klauseln verwendet, nach denen der Vermieter Instandhaltungen, Reparaturen und Änderungen an der Mietsache oder dem Anwesen auch ohne Zustimmung des Mieters vornehmen kann, soweit er diese für notwendig und zweckmäßig hält. Damit kann der Vemieter auch Maßnahmen durchführen, die keine Verbesserungsmaßnahmen oder Maßnahmen zur Einsparung von Heizenergie im Sinne des § 541 b BGB sind. Auch hier gilt jedoch, daß die Notwendigkeit und Zweckmäßigkeit einer Maßnahme insoweit gerichtlich überprüfbar ist, als die Gebrauchsgewährungspflicht des Vermieters in Frage steht. **149**

6 Mietkaution

6.1 Mietkaution bei Wohnraum, § 550 b BGB

150 Der Wohnungsmieter ist nur dann zur Leistung einer Mietkaution verpflichtet, wenn dies ausdrücklich vertraglich vereinbart worden ist. Liegt eine solche Vereinbarung vor, so hat der Vermieter die zwingenden Vorschriften, § 550 b Abs. 3 BGB, des § 550 b BGB einzuhalten.

Sicherheitsleistung kann vor allem durch Leistung einer Barkaution, also Übergabe eines Geldbetrages an den Vermieter oder Leistung einer Bürgschaft, z. B. in Form einer Bankbürgschaft, erfolgen. Möglich ist z. B. auch die Anlage und Verpfändung eines Sparbuches. Der Vermieter kann dabei die zwingenden Vorschriften einer Kautionsvereinbarung nicht dadurch umgehen, daß er die Leistung anders bezeichnet. Dies wäre z. B. der Fall, wenn eine pauschale Zahlung für Abnutzung einzelner Gegenstände vereinbart worden ist. Hier wäre ein im vorhinein vereinbarter Verfall von Teilen dieser Zahlung, je nach Dauer des Mietverhältnisses, unwirksam, da es sich um eine Kautionsvereinbarung handelt.

Sicherheitsleistung in Form einer Abtretung von Gehaltsansprüchen des Mieters ist unwirksam, wenn die Vereinbarung in einem Formularmietvertrag enthalten ist.

151 Nach § 550 b Abs. 1 Satz 1 BGB darf die **Höhe der Sicherheitsleistung**, gleichgültig in welcher Form sie geleistet wird, das Dreifache der auf einen Monat entfallenden Miete nicht übersteigen. Grundlage ist der Mietzins zum Zeitpunkt des Abschlusses der Kautionsvereinbarung. Dies spielt eine Rolle, wenn die Kautionsvereinbarung erst zu einem späteren Zeitpunkt als zum Zeitpunkt des Abschlusses des Mietvertrages erfolgt. Der Mietzins bestimmt sich bei dieser Berechnung nach der Grundmiete einschließlich der nicht gesondert abzurechnenden Nebenkosten. Nebenkosten, für die Vorauszahlungen zu leisten sind, die abgerechnet werden, bleiben außer Betracht. Verändert sich die Miethöhe während des Mietverhältnisses, kann weder eine Herabsetzung noch eine Erhöhung der Kaution verlangt werden. Wird eine zu hohe Sicherheitsleistung vereinbart, ist die Vereinbarung teilweise unwirksam. Der Mieter bleibt allerdings zur Zahlung einer Kaution in der gesetzlich zulässigen Höhe von drei Monatsmieten verpflichtet. Einen bereits gezahlten, darüber hinausgehenden Betrag kann er zurückfordern.

152 Nach § 550 b Abs. 1 Satz 2 BGB kann der Mieter die Kaution, falls eine Geldsumme bereitzustellen ist, in drei gleichen monatlichen **Teilleistungen** bezahlen. Die erste Teilleistung ist zu Beginn des Mietverhältnisses fällig, in der Regel zusammen mit dem ersten Mietzins. In einer Geldsumme ist die Kaution auch dann zu leisten, wenn sie hinterlegt wird oder ein Kautionskonto angelegt wird, wobei das Sparguthaben an den Vermieter verpfändet wird oder das Konto zugunsten des Vermieters mit einem Sperrvermerk versehen wird. Wird das Mietverhältnis bereits zu einem Zeitpunkt beeendet, zu dem die Kaution noch nicht vollständig eingezahlt ist, kann der Vermieter auch nach Beendigung des Mietverhältnisses die vollständige Zahlung solange verlangen, wie ihm aus dem beendeten Vertrag noch Ansprüche gegen den Mieter zustehen.

153 Kommt der Mieter seinen vertraglichen Verpflichtungen zur Kautionszahlung nicht nach, so kann der Vermieter auf Erfüllung der Verpflichtungen klagen. Die Nichtzahlung der Kaution gibt einen Grund zur ordentlichen Kündigung des Mietverhältnisses nach § 564 b Abs. 2 Nr. 1 BGB.

154 Ein Zurückbehaltungsrecht hinsichtlich der Leistung der Mietkaution besteht wegen Mängeln der Mieträume nicht, da das Zurückbehaltungsrecht entsprechend dem Recht zu einer Minderung des Mietzinses nach § 537 BGB nur in Bezug auf den Mietzins, nicht die Mietkaution gegeben ist.

155 Eine Kaution, die durch den Wohnraummieter in Form einer Geldsumme dem Vermieter überlassen wird, hat der Vermieter nach § 550 b Abs. 2 BGB von seinem Vermögen getrennt bei einer öffentlichen Sparkasse oder bei einer Bank zu dem für Spareinlagen mit gesetzlicher Kündigungsfrist üblichen Zinsen anzulegen. Der Vermieter muß also ein Sparkonto eröffnen. Die Anlage muß als Sparguthaben erfolgen. Üblicherweise verfügen die Geldinstitute über Formulare, aus denen sich eine Vereinbarung zwischen dem Vermieter und dem Kreditinstitut ergibt, daß es sich um ein Mietkautionskonto handelt.

Verletzt der Vermieter vorsätzlich die Verpflichtung, die Kaution getrennt von seinem Vermögen anzulegen, so kann dem Mieter ein Schadensersatzanspruch nach § 823 Abs. 2 BGB i.V.m. § 266 StGB zustehen. Der Vermieter kann sich insoweit sogar wegen Untreue nach § 266 StGB strafbar machen.

156 Aus § 550 b Abs. 2 BGB ergibt sich eine **Verzinsungspflicht** für die Mietkaution. Bei Mietkautionen, die vor Inkrafttreten des § 550 b BGB

in seiner jetzigen Fassung vereinbart worden sind, besteht die Verzinsungspflicht nur dann, wenn ein Ausschluß der Verzinsung nicht ausdrücklich vereinbart worden ist. Ist also bei vor dem 1.1.1983 abgeschlossenen Mietverträgen die Verzinsung der Kaution ausdrücklich ausgeschlossen, so besteht auch weiterhin keine Verzinsungspflicht, auch nicht für einen Zeitraum nach dem 1.1.1983. Der formularvertraglich vereinbarte Ausschluß der Kautionsverzinsung in den sog. Altmietverträgen (vor dem 1.1.1983) ist jedoch unwirksam. Eine derartige Vertragsklausel benachteiligt nämlich den Mieter gemäß § 9 AGB-Gesetz unangemessen. Es ergibt sich somit, daß lediglich durch eine Individualvereinbarung in Altmietveträgen die Verzinsung wirksam und auf Dauer ausgeschlossen werden konnte. Bei Altmietverträgen, die keine vertragliche Regelung der Verzinsung der Kaution enthalten, besteht sowohl vor als auch nach dem 1.1.1983 die Verzinsungspflicht. Sind Wohnungsmietverträge nach dem 1.1.1983 abgeschlossen, ist die Verzinsung zwingend nach § 550 b Abs. 2 und 3 BGB vorgeschrieben. Eine Vereinbarung, die eine Verzinsung zu einem niedrigeren Zinssatz als den für Spareinlagen mit gesetzlicher Kündigungsfrist vorsieht, ist unwirksam.

Vermietet der Vermieter mehrere Wohnungen, so kann er mehrere Kautionen in einem Konto zusammenfassen. Der Zins muß jedoch für jede Kaution gesondert errechnet werden.

157 Der Vermieter darf die Kaution zu einem höheren Zinssatz als dem für Einlagen mit gesetzlicher Kündigungsfrist anlegen, da dies nicht zum Nachteil des Mieters ist. Es muß sich jedoch um eine Anlage handeln, die von der Sicherheit her der Anlage als Sparanlage entspricht. Liegt eine Anlage zu einem höheren Zinssatz vor, so stehen die gesamten Zinsen dem Mieter zu, es sei denn, daß ausdrücklich vereinbart ist, daß der überschießende Zinsertrag dem Vermieter zukommt. Legt der Vermieter die Kaution trotz seiner gesetzlichen Verpflichtung zu einem niedrigeren Zinssatz als dem für Spareinlagen mit gesetzlicher Kündigungsfrist an oder erzielt er schuldhaft überhaupt keine Zinsen, so ist die Vereinbarung, falls eine solche vorliegt, unwirksam und der Vermieter macht sich schadensersatzpflichtig. Schadensersatz hat der Vermieter wegen positiver Vertragsverletzung in Höhe der Zinsdifferenz zur Höhe der Sparzinsen für gesetzliche Spareinlagen bzw. in Höhe des Betrages der Zinsen für gesetzliche Spareinlagen zu leisten.

158 Die Zinsen erhöhen die Kaution, § 550 b Abs. 2 Satz 3 BGB. Sie werden daher auch erst zusammen mit der Kaution fällig. Eine frühere Auszahlung des Zinsertrages kann der Mieter nicht verlangen. Bei Fälligkeit der Kaution muß der Vermieter auch über die Zinsen abrechnen. Zinseszinsen stehen dem Mieter zu. Ist die Zinshöhe während der Laufzeit des Mietverhältnisses unterschiedlich, so muß der Vermieter eine Zinsstaffel aufstellen. Diese kann er in der Regel ohne weiteres von seinem Kreditinstitut erhalten.

159 Während des Mietverhältnisses hat der Mieter zwar keinen Anspruch auf Rückzahlung der Kaution zuzüglich Zinsen, da dieser erst nach Vertragsende fällig wird, er kann jedoch bei offenkundiger Verschlechterung der Vermögensverhältnisse des Vermieters von diesem Sicherheit für den Anspruch auf Rückzahlung der Kaution verlangen. Hat er im Falle der Vermögensverschlechterung des Vermieters die Kaution noch nicht vollständig eingezahlt, hat er hinsichtlich der Restzahlung ein **Zurückbehaltungsrecht**, das er auch dem Mietzinszahlungsanspruch des Vermieters entgegensetzen kann. Der Vermieter dringt in diesem Fall mit der Mietzahlungsklage nur Zug um Zug gegen Sicherheitsleistung für die Kaution des Mieters durch.

160 Veräußert der Vermieter während des Mietverhältnisses die Wohnung, muß die Mietkaution auf den Erwerber und neuen Vermieter übergehen. Insoweit hat der Mieter, der eine Barkaution gestellt hat, einen Anspruch gegen den bisherigen Vermieter auf Auszahlung der Kaution an den Erwerber, falls nichts anderes im Mietvertrag vereinbart ist. Etwas anderes gilt dann, wenn der bisherige Vermieter gegen den Mieter noch durch die Kaution gesicherte Ansprüche hat oder wenn die Kaution dem Erwerber der Wohnung in anderer Weise ausgehändigt worden ist. Auch kann der Erwerber gegenüber dem bisherigen Vermieter die Verpflichtung zur Rückgewähr der Kaution ohne Übertragung des Kautionsbetrages übernommen haben.

Erlangt der Erwerber der Mietwohnung die Kaution nicht von dem bisherigen Vermieter, so hat er keinen Anspruch gegen den Mieter auf erneute Leistung der Kaution an sich. Dies gilt auch dann, wenn dem bisherigen Vermieter die Herausgabe der Kaution z. B. wegen Verbrauchs unmöglich geworden ist.

161 Während des Mietverhältnisses ist der Vermieter berechtigt, sich wegen seiner Forderungen z.B. auf Schadensersatz oder Mietzinszahlung aus der Kaution im Wege der Aufrechnung zu befriedigen. Die Kaution kann hierdurch völlig aufgebraucht werden. Vom Mieter kann die Auffüllung einer ganz oder teilweise verbrauchten Kaution verlangt werden, damit sie wieder in voller Höhe als Sicherheit zur Verfügung steht.

162 Nach Beendigung des Mietverhältnisses hat der Mieter einen Anspruch auf Rückzahlung einer Barkaution, bzw. auf Freigabe der Bürgschaft oder eines Sparbuchs. Dem Vermieter muß eine angemessene Prüfungsfrist zur Prüfung seiner Ansprüche gegenüber dem Mieter eingeräumt werden. Wenn der Vermieter nach Beendigung des Mietverhältnisses innerhalb eines angemessenen Zeitraums, der üblicherweise mit drei Monaten angesetzt wird, keine substantiierten Forderungen gegen den Mieter geltend macht, kann dieser die Rückgabe der Kaution verlangen und Zahlungsklage erheben. Gegenüber Forderungen des Vermieters kann der Mieter die Aufrechnung mit dem Kautionsrückzahlungsanspruch erklären, und zwar auch dann, wenn im Mietvertrag ein Aufrechnungsverbot vereinbart worden ist. Ansprüche des Vermieters, die durch die Kaution gesichert sind, nämlich Ansprüche wegen Veränderungen und Verschlechterungen der vermieteten Sache nach § 558 BGB, verjähren nach sechs Monaten. Nach Ablauf dieser Frist können diese Ansprüche dem Mieter nicht mehr im Wege der Klage und, falls der Mieter Rückzahlungsklage auf Rückzahlung der Kaution erhebt, der Widerklage entgegengesetzt werden. Es kann jedoch die Aufrechnung mit Schadensersatzforderungen wegen Veränderungen oder Verschlechterungen der Mietwohnung gegenüber dem Kautionsrückzahlungsanspruch des Mieters erklärt werden. Diese Aufrechnung kann auch mit gemäß § 558 BGB verjährten Forderungen stattfinden. Mietzinsforderungen des Vermieters verjähren nicht in der Frist des § 558 BGB.

163 Geht der **Vermieter in Konkurs**, hat der Mieter, dessen Kaution nach § 550 b Abs. 2 BGB angelegt worden ist, im Konkurs über das Vermögen des Vermieters ein Aussonderungsrecht nach § 43 Konkursordnung. Dies gilt auch dann, wenn der Vermieter die Kaution aufgrund eines nach dem 1.1.1983 geschlossenen Mietvertrages erhalten hat und sie zunächst in sein Vermögen überführt und erst später zugunsten des Mieters ein Treuhandkonto errichtet hat. Ebenfalls kann der Mieter, falls die Anlage auf ein Treuhandkonto erfolgt ist, bei Pfändung des Kautionsguthabens in der Einzelzwangsvollstreckung durch Gläubiger des Vermieters Drittwiderspruchsklage nach § 771 der Zivilprozeßordnung erheben. Es steht ihm auch die Erinnerung nach § 766 Zivilprozeßordnung zu. Auch das kontoführende Kreditinstitut, bei dem die Kaution treuhänderisch angelegt ist, kann auf diese keinen Zugriff nehmen. Nach § 19 der Allgemeinen Geschäftsbedingungen der Banken erstreckt sich das Pfandrecht des Kreditinstitutes, bzw. ein Aufrechnungs- oder Zurückbehaltungsrecht nicht auf den Kautionsbetrag.

Geht der Vermieter in Konkurs und hat er die Kaution gesetzeswidrig nicht treuhänderisch angelegt, so verwandelt sich der Anspruch des Mieters gegen den Vermieter auf treuhänderische Anlage in einen Sicherstellungsanspruch nach § 54 Abs. 3 Konkursordnung, das heißt, der Konkursverwalter hat dem Mieter Sicherheit zu leisten. Mit dieser Forderung gegen den Konkursverwalter kann der Mieter gegenüber einer fälligen Forderung des Konkursverwalters aus dem Mietverhältnis aufrechnen.

6.2 Mietkaution bei Gewerberaum

164 Bei der Vermietung von Gewerberaum sind weiterreichende Vereinbarungen als bei der Vermietung von Wohnraum zulässig, da § 550 b BGB ausschließlich bei der Vermietung von Wohnraum zwingend angewendet werden muß. Das heißt, es kann eine Kaution in anderer Form und in anderer Höhe als in § 550 b BGB bestimmt, vereinbart werden, die Verzinsung der Sicherheitsleistung kann ausgeschlossen werden, es kann vereinbart werden, daß die Sicherheitsleistung bereits bei Übergabe der Mietsache in voller Höhe fällig ist.

7 Heizkosten und andere Betriebskosten

7.1 Betriebskostenvereinbarungen für Wohnraum nach § 4 MHG

165 § 4 des Miethöhegesetzes (MHG) betrifft wie alle Regelungen des Miethöhegesetzes ausschließlich Wohnraum. § 4 Abs. 1 MHG bestimmt, daß für Betriebskosten im Sinne des § 27 der Zweiten Berechnungsverordnung Vorauszahlungen nur in angemessener Höhe vereinbart werden dürfen und über diese Vorauszahlungen jährlich abzurechnen ist. Auf den Wohnungsmieter dürfen nur Betriebskosten umgelegt werden, die in der Anlage 3 zu § 27 der Zweiten Berechnungsverordnung enthalten sind. Eine Vereinbarung, nach der der Mieter auf andere Betriebskosten als die in dieser Anlage enthaltenen, eine monatliche Vorauszahlung zu leisten hat, über die jährlich abzurechnen ist, ist somit unwirksam. Eine solche Vereinbarung kann auch nicht während des Bestehens eines Mietverhältnisses getroffen werden. Folgende Betriebskosten sind in der Anlage 3 zu § 27 der Zweiten Berechnungsverordnung enthalten:

- Die laufenden öffentlichen Lasten des Grundstücks,
- die Kosten der Warmwasserversorgung (Kosten des Wasserverbrauchs, Grundgebühren, Zählermiete, Kosten der Verwendung von Zwischenzählern, Kosten des Betriebs einer hauseigenen Wasserversorgungsanlage und einer Wasseraufbereitungsanlage),
- die Kosten der Entwässerung (Gebühren für die Benutzung einer öffentlichen Entwässerungsanlage, Kosten des Betriebs einer entsprechenden nichtöffentlichen Anlage, Betrieb einer Entwässerungspumpe),
- die Kosten des Betriebs der zentralen Heizungsanlage (Brennstoffe und deren Lieferung, Betriebsstrom, Kosten der Bedienung, Überwachung und Pflege der Anlage, Einstellung durch eine Fachfirma, Reinigung der Anlage und des Betriebsraums, Kosten der Messungen nach dem Bundesimmissionsschutzgesetz, Kosten der Beschaffung einer Anlage zur Verbrauchserfassung einschließlich der Kosten der Berechnung und Aufteilung),
- die Kosten der Versorgung mit Fernwärme (Wärmelieferung und ihr Betrieb),
- die Kosten der Reinigung und Wartung von Etagenheizungen,

- die Kosten des Betriebs der zentralen Warmwasserversorgungsanlagen und der Versorgung mit Fernwarmwasser, einschließlich Reinigung und Wartung von Warmwassergeräten, die Kosten verbundener Heizungs- und Warmwasserversorgungsanlagen,
- die Kosten des Betriebs eines Personen- und Lastenaufzugs (Kosten des Betriebsstroms, der Beaufsichtigung, Bedienung, Pflege und Überwachung der Anlage),
- die Kosten der Straßenreinigung und Müllabfuhr,
- die Kosten der Hausreinigung und Ungezieferbekämpfung,
- die Kosten der Gartenpflege (einschließlich Kosten der Erneuerung von Pflanzen, Pflege von Spielplätzen, Pflege von Plätzen, Zugängen und Zufahrten, die nicht dem öffentlichen Verkehr dienen),
- die Kosten der Beleuchtung (Strom für Außenbeleuchtung, Beleuchtung der benutzten Gebäudeteile),
- die Kosten der Schornsteinreinigung,
- die Kosten der Sach- und Haftpflichtversicherung (Versicherung des Gebäudes gegen Feuer-, Sturm- und Wasserschäden, Glasversicherung, Haftpflichtversicherung für Gebäude, Öltank und Aufzug),
- die Kosten für den Hausmeister, auch Vergütung und Sozialleistungen sowie sonstige geldwerte Leistungen, wie Zurverfügungstellung einer Dienstwohnung, nicht aber die Kosten der Hausverwaltung,
- die Kosten des Betriebs einer Gemeinschaftsantenne oder mit einem Breitbandkabelnetz verbundenen privaten Verteileranlage, nicht aber die Postgebühren für den Anschluß an das Breitbandkabelnetz,
- die Kosten des Betriebs der maschinellen Wascheinrichtung (Strom, Überwachung und Pflege sowie Wasserversorgung),
- sonstige Betriebskosten.

166 Bei den sonstigen Betriebskosten muß es sich um Kosten im Sinne von § 27 der Zweiten Berechnungsverordnung handeln, die durch das Eigentum am Grundstück oder den bestimmungsmäßigen Gebrauch des Gebäudes laufend entstehen (so Kosten der Dachrinnenreinigung). In der Regel ist jedoch davon auszugehen, daß in der Aufzählung in der Anlage 3 zu § 27 der Zweiten Berechnungsverordnung alle denkbaren Betriebskosten enthalten sind.

Nicht auf den Mieter umgelegt werden können:

Instandsetzungskosten und Beträge des Wohnungseigentümers zu einer Instandhaltungsrücklage sowie die Vergütung des Verwalters nach dem Wohnungseigentumsgesetz.

167 Die **Umlegung der Betriebskosten** auf den Mieter von Wohnraum kann in verschiedener Weise vereinbart werden. Möglich ist, daß im Mietvertrag vereinbart ist, daß neben dem Grundmietzins für einzelne, besonders aufgeführte Betriebskosten eine Vorauszahlung oder ein Pauschalbetrag, über den nicht abzurechnen ist, geleistet wird. Ist eine derartige Vereinbarung getroffen, können nur die aufgeführten Betriebskosten auf den Mieter umgelegt werden. Etwas anderes gilt für Heizkosten, da hier die zwingenden Bestimmungen der Heizkostenverordnung gelten. Zwar ist im Mietvertragsformular häufig die Klausel enthalten, daß neu entstehende Kosten auf den Mieter zusätzlich umgelegt werden können, jedoch gilt dies nicht für bereits bei Vetragsabschluß vorhandene Kosten, deren Umlage auf den Mieter der Vermieter nicht vorgenommen hat. Diese können auch nicht nachträglich aufgrund dieser Klausel auf den Mieter umgelegt werden.

168 Möglich ist auch die Vereinbarung, daß der Mieter Betriebskosten gemäß § 27 der Zweiten Berechnungsverordnung zu leisten hat und daß insoweit ein monatlicher Vorauszahlungsbetrag festgesetzt wird. Dies ist auch dann zulässig, wenn dem Mieter bei Vertragsschluß der Betriebskostenkatalog der Anlage 3 zu § 27 der Zweiten Berechnungsverordnung nicht erläutert wird oder durch Beifügung eines Abdrucks der Anlage zur Kenntnis gebracht wird. Man wird jedoch verlangen müssen, daß im Anschluß an die Verweisung auf § 27 der Zweiten Berechnungsverordnung zumindest die wesentlichen Positionen der in der Anlage 3 enthaltenen Aufstellung genannt werden und die Vorauszahlungen nur Betriebskosten umfassen, die im Mietvertrag beispielhaft aufgeführt sind.

169 Nach § 4 Abs. 1 MHG dürfen **Vorauszahlungen** für Betriebskosten nur in angemessener Höhe vereinbart werden. Aufgrund der allgemeinen Entwicklung ist in der Regel damit zu rechnen, daß die Vorauszahlung die tatsächlich entstehenden Betriebskosten nach einiger Zeit nicht mehr decken, so daß eine Erhöhung der Betriebskostenvorauszahlungen in Betracht kommt. Eine derartige Erhöhungsvereinbarung kann im Mietvertrag enthalten sein und zwar entweder in Form eines einseitigen Erhöhungsrechtes oder so, daß der Vermieter dann, wenn eine Erhöhung der Betriebskosten zu erwarten ist, die Zustimmung des Mieters zu einer Erhöhung der Vorauszahlungen verlangen kann.

Fehlt eine vertragliche Vereinbarung über die Erhöhung der Vorauszahlungen, ist die Erhöhung nur dann möglich, wenn die Auslegung des Mietvertrages die Erhöhungsmöglichkeit auch ohne ausdrückliche Regelung ergibt. Bei der Erhöhung der Vorauszahlungen muß der Vermieter dem Mieter die voraussichtlichen Kostensteigerungen, die die Erhöhung der Vorauszahlungen erforderlich machen, erläutern.

170 Über die Betriebskostenvorauszahlungen ist nach § 4 Abs. 1 Satz 2 MHG jährlich **abzurechnen**. Der Abrechnungszeitraum muß sich nicht mit dem Kalenderjahr decken. Eine Abrechnung in kürzeren Abständen als jährlich ist jedoch gemäß § 10 Abs. 1 MHG unzulässig.

Tritt während des Abrechnungszeitraums ein Mieterwechsel ein, so ist dem bisherigen Mieter eine Abrechnung über die bis zu seinem Auszug entstandenen Betriebskosten zu erteilen **(Zwischenabrechnung)**. Was die Heizkosten betrifft, so schreibt die Heizkostenverordnung in § 9 b seit dem 1.3.1989 gesetzlich vor, daß der Vermieter bei einem Mieterwechsel eine Zwischenablesung der betroffenen Räume vornehmen lassen muß. Näheres siehe unter 7.3..

171 Inhaltliche Mindestanforderungen sind nach der Rechtsprechung des Bundesgerichtshofes an eine Betriebskostenabrechnung zu stellen: Erforderlich ist die Angabe der gesamten entstandenen Kosten und ihre Zusammensetzung, die Mitteilung und Erläuterung des Verteilungsschlüssels, wie also die Betriebskosten auf die einzelnen Wohnungen verteilt werden, die Berechnung des jeweiligen auf die betroffene Wohnung entfallenden Anteils und der Abzug der Vorauszahlungen. Die Beifügung von Belegen ist nicht erforderlich. Der Mieter ist aber berechtigt, in die der Abrechnung zugrundeliegenden Belege Einsicht zu nehmen. Die Belege sind dem Mieter, falls vertraglich nicht etwas anderes geregelt ist, in seiner Wohnung vorzulegen. Fotokopien der Belege genügen.

172 Ist der Vermieter nicht in der Lage, eine ordnungsgemäße Abrechnung über Betriebskosten zu erstellen, kann der Mieter die geleistete Vorauszahlung zurückfordern. Nicht zurückfordern kann der Mieter die Vorauszahlung allein deshalb, weil die sich aus der Abrechnung ergebende Nachforderung die vereinbarte Nebenkostenvorauszahlung wesentlich übersteigt. Dies gilt auch, wenn die Betriebskostenabrechnung ganz oder teilweise fehlerhaft ist. In diesem Fall kann der Mieter jedoch eine ordnungsgemäße Abrechnung und Nachweis der Einzelpositionen verlangen und ggf. diesen Anspruch klageweise durchsetzen. Nachzahlungen, die sich aus einer nicht ordnungsgemäßen Abrechnung ergeben, kann der Mieter bis zur Vorlage einer ordnungsgemäßen Abrechnung verweigern.

Er hat insoweit ein Zurückbehaltungsrecht. Dieses Zurückbehaltungsrecht gemäß § 273 BGB hat der Mieter auch, bis ihm der Vermieter auf Verlangen Einsicht in die Abrechnungsunterlagen gewährt hat. Selbst muß der Mieter eine fehlerhafte Betriebskostenabrechnung nicht korrigieren.

173 **Nachzahlungsansprüche** aus Betriebskostenabrechnungen verjähren nach 4 Jahren, § 197 BGB. Die Verjährung beginnt nach § 201 BGB mit dem Schluß des Jahres, in dem der Anspruch entstanden ist, also dem Jahr, in dem eine ordnungsgemäße Abrechnung vorgelegt worden ist.

Nachzahlungsforderungen aus Betriebskostenabrechnungen können auch verwirken. Sie verwirken nicht schon dann, wenn der Vermieter es längere Zeit unterlassen hat, abzurechnen und den Nachzahlungsanspruch geltend zu machen. Erforderlich ist weiter, daß der Mieter aufgrund besonderer Umstände davon ausgehen kann, der Vermieter werde die Nachzahlungsforderung nicht mehr geltend machen. Solche Umstände können darin liegen, daß der Vermieter über einen späteren Abrechnungszeitraum abrechnet, obwohl er über einen weiter zurückliegenden Zeitraum noch nicht abgerechnet hat oder daß der Vermieter, ohne daß dies vereinbart worden wäre, nach längerer Zeit über mehrere Abrechnungsperioden gleichzeitig abrechnen will.

174 Nach § 4 Abs. 2 MHG ist der Vermieter berechtigt, Erhöhungen der Betriebskosten durch schriftliche Erklärung anteilig auf den Mieter umzulegen. Diese Bestimmung betrifft nicht die Erhöhung von abrechenbaren Vorauszahlungen, sondern von Betriebskosten, bei denen ein fester Pauschalbetrag vereinbart worden ist. Wenn jedoch zwischen Vermieter und Mieter vorbehaltlos eine Bruttomiete vereinbart worden ist, durch die Nebenkosten pauschal mit abgegolten werden sollen, ist eine Umlegung erhöhter Betriebskosten auf den Mieter überhaupt nicht möglich. Hier ist im Zweifel von einer Vereinbarung auszugehen, durch die das Recht des Vermieters wegen gestiegener Betriebskosten eine Mietzinserhöhung nach § 4 Abs. 2 MHG vorzunehmen, ausgeschlossen ist. Ist eine Erhöhung der in einem Festbetrag vereinbarten Betriebskosten vertraglich zulässig, muß diese nach § 4 Abs. 2 Satz 1 MHG schriftlich erfolgen. In der Erklärung muß der Grund der Umlage bezeichnet und erläutert werden. Das bedeutet, daß dargelegt werden muß, worauf die Kostensteigerung beruht und wie hoch der Unterschiedsbetrag zwischen den früheren und den neuen Kosten ist.

175 Nach § 4 Abs. 3 MHG schuldet der Mieter im Falle einer wirksamen Erhöhung der als Pauschalbetrag vereinbarten Betriebskosten den auf ihn

entfallenden Teil der Umlage vom Ersten des auf die Erklärung folgenden Monats oder, wenn die Erklärung erst nach dem 15. eines Monats abgegeben worden ist, vom Ersten des übernächsten Monats an. Soweit die Erklärung darauf beruht, daß sich die Betriebskosten rückwirkend erhöht haben, wirkt die Erklärung ab dem Zeitpunkt der Erhöhung der Betriebskosten, höchstens jedoch auf den Beginn des der Erklärung vorausgehenden Kalenderjahres zurück, sofern der Vermieter die Erklärung innerhalb von drei Monaten nach Kenntnis von der Erhöhung abgibt. Es kommt also grundsätzlich auf den Zeitpunkt des Zugangs der Erhöhungserklärung beim Mieter an. Ermäßigen sich die Betriebskosten, ist der Mietzins vom Zeitpunkt der Ermäßigung an entsprechend herabzusetzen und die Ermäßigung dem Mieter unverzüglich mitzuteilen, § 4 Abs. 4 MHG. Auf Abgabe der Ermäßigungserklärung durch den Vermieter kann der Mieter klagen. Erleidet er durch die verspätete Abgabe der Ermäßigungserklärung einen Schaden, hat er einen Anspruch auf Schadensersatz aus positiver Vertragsverletzung.

Zu beachten sind **Beweislastfragen**: **176**

Der Vermieter trägt die Beweislast für die Vereinbarung der Umlegung von Betriebskosten und für den tatsächlichen Anfall der Kosten. Macht der Mieter konkrete, substantiierte Einwendungen gegen eine Abrechnung geltend, trifft den Vermieter die volle Darlegungs- und Beweislast für die inhaltliche Richtigkeit der Abrechnung.

Der Mieter muß beweisen, daß er Vorauszahlungen geleistet hat, weiter einen Ausschluß des Erhöhungsrechtes für Betriebskosten oder eine behauptete Ermäßigung der Betriebkosten. Handelt es sich um Betriebskosten, deren Höhe durch eine Ablesung festgestellt wird und unterschreibt der Mieter ein Ableseprotokoll, wodurch er die Richtigkeit der Ablesung anerkennt, so muß er, wenn er daran nicht mehr gebunden sein will, die Unrichtigkeit des abgelesenen Wertes nachweisen.

7.2 Betriebskostenvereinbarungen bei Gewerberaum

177 Für die Vereinbarung und Abrechnung von Betriebskosten bei Gewerberaummietverträgen gelten die gleichen Grundsätze wie bei Wohnraummietverträgen. Dies gilt insbesondere für die Vereinbarung von Vorauszahlungen und deren Abrechnung sowie die Erhöhung von pauschal vereinbarten Betriebskosten. Zu beachten ist jedoch, daß, nachdem § 4 MHG für Gewerberaummietverhältnisse nicht gilt, auch Betriebskosten auf den Gewerberaummieter umgelegt werden können, die in der

Anlage 3 zu § 27 der Zweiten Berechnungsverordnung nicht enthalten sind. Dies gilt vor allem für die Umlage anfallender Hausverwaltungs- oder Instandhaltungskosten auf den Mieter. Der Betrag der monatlichen Betriebskostenvorauszahlung ist in der Regel zuzüglich der jeweils gültigen Mehrwertsteuer fällig.

7.3 Umlegung der Heizkosten nach der Heizkostenverordnung für Wohn- und Gewerberaum

178 Hinsichtlich der Abrechnung von Heizkosten gelten sowohl bei Wohnraum- als auch bei Gewerberaummietverhältnissen die zwingenden Bestimmungen der Heizkostenverordnung. Nach § 6 der Heizkostenverordnung ist der Vermieter verpflichtet, die Kosten der Versorgung mit Wärme und Warmwasser auf der Grundlage der nach §§ 4 und 5 Heizkostenverordnung vorzunehmenden Verbrauchserfassung auf die einzelnen Mieter zu verteilen. Die Regelungen der Heizkostenverordnung gehen einer vertraglichen Vereinbarung vor, § 2 Heizkostenverordnung, so z. B. einer Vereinbarung einer nicht abrechenbaren Heizkostenpauschale. Diese ist unzulässig. Dies gilt auch dann, wenn ein Pauschalmietzins, der die Heizkosten einschließt, vor Inkrafttreten der Heizkostenverordnung vereinbart worden ist. In diesem Fall ist die in dem Pauschalmietzins enthaltene Vorauszahlung auf Heizkosten zu schätzen und aufgrund der Verbrauchserfassung nach Ablauf der Heizperiode abzurechnen. Nach §§ 7 und 8 der Heizkostenverordnung sind von den Kosten der Versorgung mit Wärme und mit Warmwasser mindestens 50 %, höchstens 70 % nach dem erfaßten Wärme- bzw. Warmwasserverbrauch der Nutzer zu verteilen. Die restlichen Kosten sind nach der Wohn- oder Nutzfläche oder nach dem umbauten Raum zu verteilen. Innerhalb des Spielraums von 20 % kann also der Verteilungsmaßstab gewählt werden. Hinsichtlich der Höhe der Vorauszahlung sagt die Heizkostenverordnung nichts aus, sie kann also im Sinne von § 4 Abs. 1 MHG in angemessener Höhe vereinbart werden. Andere Vereinbarungen als die zwingenden Bestimmungen der Heizkostenverordnung über den prozentualen Verbrauchsanteil und die Verbrauchserfassung können nach § 2 Heizkostenverordnung bei Gebäuden mit nicht mehr als zwei Wohnungen, von denen eine der Vermieter selbst bewohnt, getroffen werden. Überdies kann nach § 10 der Heizkostenverordnung ein höherer verbrauchsabhängiger Anteil an der Umlage als 70 % vereinbart werden.

179 Ausnahmen von den zwingenden Regelungen der Heizkostenverordnung sieht § 11 Heizkostenverordnung vor. Hier ist besonders hinzuweisen auf § 11 Abs. 1 Nr. 3 Buchstabe b Heizkostenverordnung, wonach unter anderem Ausnahmen von den Pflichten nach den §§ 4–7 Heizkostenverordnung bei Räumen in Gebäuden zulässig sind, die überwiegend mit Fernwärme aus Anlagen der Kraft-Wärme-Kopplung versorgt werden, sofern der Wärmeverbrauch des Gebäudes nicht erfaßt wird. Es handelt sich um die Pflichten zur Ausstattung der Räume für die Verbrauchserfassung, Verpflichtung zur Verbrauchserfassung sowie zur verbrauchsabhängigen Kostenverteilung.

Hier wurde für das Land Berlin gemäß Rundschreiben des Senators für Bau- und Wohnungswesen über die Ausnahme von der Pflicht zur verbrauchsabhängigen Heizkostenabrechnung vom 4.8.1983 (Amtsblatt für Berlin vom 26.8.1983, S. 1206) aufgrund der Ermächtigung in § 11 Abs. 1 Nr. 3 Buchstabe b Heizkostenverordnung eine Ausnahme zugelassen. Nach der Erläuterung der Ausnahmeregelung liegt es im Interesse der Energieeinsparung und der Nutzer, BEWAG- fernbeheizte, der Heizkostenverordnung unterliegende Gebäude von den bezeichneten Verpflichtungen zu befreien.

180 Für **Wohnraum in den neuen Bundesländern** ist noch auf den durch den Einigungsvertrag eingeführten § 11 MHG hinzuweisen, wonach durch Rechtsverordnung der Bundesregierung gemäß § 11 Abs. 3 MHG auch die Umlage von Betriebskosten nach § 4 MHG auf die Wohnraummieter im Beitrittsgebiet festgelegt werden kann. Hiernach können die Betriebskosten einschließlich der Kosten für Heizung und für Warmwasser ab dem 1.10.1991 auf bis zu DM 3,00 pro Quadratmeter erhöht werden. Hinsichtlich der Einzelheiten wird auf Rz. 262–270 verwiesen.

8 Beendigung des Mietverhältnisses

8.1 Vorzeitige Beendigung, Nachmieterstellung

181 Will der Mieter bei einem auf bestimmte Zeit abgeschlossenen Mietvertrag vorzeitig aus dem Mietverhältnis entlassen werden, so stellt sich die Frage, inwieweit der Vermieter verpflichtet ist, den Mieter vorzeitig aus dem Mietverhältnis zu entlassen und inwieweit er sich ersparte Aufwendungen im Sinne von § 552 Satz 2 BGB anrechnen lassen muß. Grundsätzlich muß der Vermieter weder in jedem Fall, in dem der Mieter dies anstrebt, diesen vorzeitig aus einem langfristig abgeschlossenen Mietvertrag, an den der Mieter genauso wie der Vermieter gebunden ist, entlassen, noch muß der Vermieter ohne weiteres einen vom Mieter gestellten Nachmieter akzeptieren.

182 Unproblematisch sind die Fälle, in denen der Mietvertrag eine **Nachmieterklausel** etwa der Form enthält: „Der Mieter kann das Mietverhältnis auf einen Nachmieter übertragen“ oder „bei vorzeitigem Ausscheiden des Mieters aus dem Mietverhältnis ist die Nachmieterstellung möglich“. In diesem Fall kann der Mieter ohne weiteres aus einem befristeten Mietverhältnis vorzeitig ausscheiden oder unter Nichteinhaltung der gesetzlichen oder vertraglich länger als im Gesetz vorgesehenen Kündigungsfrist ausscheiden. Der Mieter kann in diesem Fall den bestehenden Vertrag unverändert nach Laufzeit und Mietzinshöhe auf einen neuen Mieter übertragen. Gegen die Person des Nachmieters kann der Vermieter lediglich nach Treu und Glauben Bedenken geltend machen, die dann berücksichtigt werden müssen.

Auf die Geeignetheit des Nachmieters kann gesondert abgehoben werden in der Form, daß eine Vertragsklausel lautet: „Der Mieter kann einen geeigneten Nachmieter benennen, mit dem ein neuer Mietvertrag abgeschlossen wird“. Hier muß der Mieter einen „geeigneten“ Nachmieter benennen, d. h. einen Nachmieter, gegen den von der Person her Bedenken nicht bestehen und der vor allem bereit ist, das Mietverhältnis zu den bisherigen Bedingungen zu übernehmen. Nachdem der Mieter lediglich einen Nachmieter benennen muß, ist Bedingung der vorzeitigen Entlassung aus dem Mietvertrag nicht, daß der Vermieter mit dem Nachmieter tatsächlich einen Mietvertrag abschließt.

Bei fehlender vertraglicher Vereinbarung über eine Nachmieterstellung ist diese bei vorzeitigem Ausscheiden des Mieters aus dem Mietverhältnis nur unter eingeschränkten Voraussetzungen möglich. Eine Nachmieterstellung ist nicht möglich bei kurzer Vertragsrestlaufzeit. Eine kurze Vertragsrestlaufzeit besteht etwa bei einer restlichen Laufzeit von drei Monaten. Für diese Zeit ist es dem Vermieter nicht zumutbar, einen anderen Mieter zu akzeptieren. Dies gilt auch bei Vorliegen eines berechtigten Interesses beim Mieter und Geeignetheit des Nachmieters. **183**

Eine Nachmieterstellung ist außerdem nicht möglich bei fehlendem berechtigten Interesse des Mieters an der vorzeitigen Vertragsaufhebung. Nicht jedes Interesse des Mieters an der vorzeitigen Vertragsbeendigung ist zu berücksichtigen. Das Interesse des Mieters an der Vertragsaufhebung muß das des Vermieters am Bestand des Vertrages erheblich überragen. Insbesondere können Umstände, die in den Risikobereich des Mieters fallen, in der Regel ein berechtigtes Interesse nicht begründen. **184**

Nicht liegt ein berechtigtes Interesse z. B. vor bei der Möglichkeit für den Mieter, die Räume anderweitig wirtschaftlich sinnvoll zu nutzen, oder bei Interesse an einer preiswerteren Wohnung oder freiwilligem Wechsel des Arbeitsplatzes. Von einem berechtigten Interesse kann jedoch ausgegangen werden bei Wohnungswechsel infolge schwerer Erkrankung des Mieters, bei einem zwangsläufigen berufsbedingten Umzug, z. B. wenn der Mieter aus gesundheitlichen Gründen seinen bisherigen Beruf nicht mehr ausüben kann, bei Heirat und Geburt eines Kindes, wenn die bisherige Wohnung für das familiäre Zusammenleben zu klein ist.

Bei langfristig abgeschlossenen Mietverträgen kann auch dann, wenn ein berechtigtes Interesse des Mieters der dargelegten Art nicht vorliegt, eine vorzeitige Vertragsentlassung angezeigt sein. Es erscheint angemessen, bei auf unbestimmte Zeit abgeschlossenen Mietverträgen den Mieter höchstens sechs Monate am Vertrag festzuhalten, vorausgesetzt, die gesetzliche oder die vertraglich vereinbarte Kündigungsfrist beträgt mehr als sechs Monate. Entsprechendes gilt bei auf bestimmte Zeit abgeschlossenen Mietverträgen, wenn die restliche Vertragsablaufzeit mehr als sechs Monate beträgt. **185**

Selbst wenn die sonstigen Voraussetzungen einer vorzeitigen Entlassung aus dem Mietverhältnis gegeben sind, scheitert diese häufig daran, daß eine Nachmieterstellung nicht möglich ist, insbesondere weil die Anforderungen an einen Nachmieter nicht erfüllt werden. Zwar besteht für den Vermieter auch bei Benennung eines oder mehrerer zumutbarer **186**

Nachmieter kein Kontrahierungszwang mit einem dieser Nachmieter, falls dies nicht ausdrücklich zwischen Mieter und Vermieter vereinbart worden ist, jedoch kann der Vermieter an die Zumutbarkeit eines Nachmieters und damit an die insoweit bestehende Voraussetzung der vorzeitigen Entlassung des Mieters aus dem Mietverhältnis Anforderungen stellen. Diese Anforderungen können um so größer sein, je größer die räumliche Nähe zwischen Mieter und Vermieter ist, z. B. dann, wenn Mieter und Vermieter gemeinsam ein Doppelhaus bewohnen. Wenn der Vermieter jedoch einen vom Mieter angebotenen Nachmieter akzeptiert hat, trägt er das Risiko sich nachträglich herausstellender Ablehnungsgründe selbst.

187 Folgende Grundsätze der **Zumutbarkeit eines Nachmieters** können allgemein aufgestellt werden: Nicht zumutbar ist ein Nachmieter, der eine Nutzungsänderung der Mieträume beabsichtigt, bei dem berechtigte Zweifel an seiner Zahlungsfähigkeit bestehen, der die mit dem bisherigen Mieter vereinbarten Vertragsbedingungen nicht uneingeschränkt akzeptiert, bei dem bereits jetzt zu erkennen ist, daß er die Mieträume übermäßig nutzen wird.

Kein Kriterium der Zumutbarkeit ist jedoch, wenn es sich bei dem Nachmieter um einen Ausländer handelt, oder wenn der Nachmieter die Wohnung als Wohngemeinschaft nutzen will, falls auch die bisherigen Mieter dies mit Einverständnis des Vermieters taten. Weiter ist erforderlich die Vertragsbereitschaft des Nachmieters. Der Nachmieter muß die bisherigen Vertragsbedingungen uneingeschränkt annehmen und bereit sein, zu diesen Bedingungen in den Vertrag einzutreten.

188 Hat der Mieter, der vorzeitig aus dem Vertrag entlassen werden will, eine ausreichende Anzahl von Nachmietern benannt, wobei diese Anzahl nicht von Belang ist, soweit nur ein zumutbarer Nachmieter benannt worden ist, und unterläßt es der Vermieter arglistig, an einen geeigneten Nachmieter zu vermieten oder zumindest im Fall des Vorhandenseins eines geeigneten Nachmieters den Mieter vorzeitig aus dem Vertrag zu entlassen, so entfällt der Mietzinsanspruch des Vermieters für die Zeit nach der angestrebten Entlassung des Mieters aus dem Mietverhältnis. Arglistig handelt der Vermieter z. B., wenn er von dem Nachmieter weitere, diesen belastende Vertragsbedingungen verlangt, z. B. einen höheren Mietzins oder höhere Nebenforderungen oder er den Nachmieter grundlos ablehnt. Es ist jedoch nochmals darauf hinzuweisen, daß es dem Vermieter unbenommen bleibt, mit einem Nachmieter einen Mietvertrag abzuschließen, er muß trotzdem den vorzeitig ausscheidenden Mieter bei Vorhandensein des geeigneten Nachmieters aus dem Vertrag entlassen.

189 Zu unterscheiden von der Frage einer Nachmieterstellung bei vorzeitiger Entlassung des Mieters aus dem Mietverhältnis ist die vor allem bei gewerblichen Mietverhältnissen bedeutende Frage einer **Mietnachfolge** nach ordentlicher, vertragsmäßiger Beendigung des Mietverhältnisses. Insbesondere z. B. im gewerblichen Einzelhandel sowie z. B. bei Arztpraxen spielt dies eine Rolle, da bei Nichtregelung dieser Frage der Vermieter bei Beendigung des Mietverhältnisses mit dem bisherigen Mieter bei einer Neuvermietung völlig frei ist, ohne daß der bisherige Mieter, der sich einen Kundenstamm aufgebaut hat, auf die Frage, wer die Räume und damit voraussichtlich auch den Kundenstamm übernimmt, Einfluß hat. Der Mieter sollte daher auf eine Vereinbarung dringen, daß er sich das Recht vorbehält, bei Auslaufen des Vertrages selbst einen Nachmieter zu bestimmen. Dann hat er auch die Möglichkeit, Zahlungen für die Übernahme seiner Kundschaft zu erhalten. Zu beachten ist auch, daß nach § 569 BGB im Falle des Todes des Mieters, der Vermieter berechtigt ist, das Mietverhältnis unter Einhaltung der gesetzlichen Frist zu kündigen. Dieses Kündigungsrecht des Vermieters gilt auch dann, wenn z. B. ein Erbe des Mieters dessen Betrieb fortführt. Falls die Anwendung des § 569 BGB nicht vertraglich ausgeschlossen wird, was zulässig ist, kann sowohl der Verkauf des Geschäftes durch den Erben, als auch die mögliche Übernahme durch den Erben vereitelt werden, weil der Vermieter von seinem Kündigungsrecht nach § 569 BGB Gebrauch macht.

8.2 Fristlose Kündigung

190 Sowohl bei Wohnraummietverhältnissen als auch bei gewerblichen Mietverhältnissen ist es möglich, das Mietverhältnis bei besonders schwerwiegenden Vertragsverstößen einer Partei ohne Einhaltung einer Kündigungsfrist aufzulösen. Zu beachten ist, daß dann, wenn solche schwerwiegenden Vertragsverstöße vor der Überlassung der Räume an den Mieter vorliegen, der Rücktritt vom Vertrag oder die Anfechtung des Vertrages, z. B. wegen arglistiger Täuschung, in Betracht kommt, nach der Überlassung an den Mieter jedoch nur noch die Kündigung.

191 **§ 553 BGB** gibt dem Vermieter das Recht, das Mietverhältnis ohne Einhaltung einer Kündigungsfrist zu kündigen, wenn der Mieter oder derjenige, welchem der Mieter den Gebrauch der gemieteten Sache überlassen hat, ungeachtet einer Abmahnung des Vermieters, einen **vertragswidrigen Gebrauch** der Mietsache fortsetzt. Voraussetzung der

Kündigung ist also ein vertragswidriger Gebrauch der Mieträume, darauf folgend eine Abmahnung durch den Vermieter und anschließend eine Fortsetzung des vertragswidrigen Gebrauchs durch den Mieter oder denjenigen, dem der Mietgebrauch der Räume überlassen worden ist. Insoweit ist erforderlich, daß die Rechte des Vermieters durch den vertragswidrigen Gebrauch in erheblichem Maß verletzt werden.

192 Als Beispielsfall eines vertragswidrigen Gebrauchs im Sinne des § 553 BGB führt das Gesetz an, daß der Mieter den Gebrauch der Mieträume unbefugt einem Dritten überläßt und trotz Abmahnung durch den Vermieter diesem den Gebrauch weiter beläßt oder, daß der Mieter die Räume durch Vernachlässigung der ihm obliegenden Sorgfalt erheblich gefährdet. Im Falle der unbefugten Gebrauchsüberlassung an einen Dritten bedarf es nicht der Feststellung einer erheblichen Beeinträchtigung der Rechte des Vermieters. Hat jedoch der Mieter auf die Gebrauchsüberlassung einen Anspruch nach § 549 Abs. 2 BGB, entfällt das Kündigungsrecht, auch ohne daß eine Genehmigung der Untervermietung durch den Vermieter vorliegt. Eine zur Kündigung berechtigende Gefährdung der Mieträume durch Vernachlässigung der dem Mieter obliegenden Sorgfalt liegt z. B. vor, wenn der Mieter in den Räumen gefährliche Stoffe lagert oder gefährliche Installationen anbringt. Ein sonstiger vertragswidriger Gebrauch durch den Mieter liegt in folgenden Fällen z. B. vor:

Überbelegung der Räume durch den Mieter, z. B. durch Vergrößerung der Familie des Mieters, erhebliche Beeinträchtigung des Vermieters oder anderer Mieter durch Gewerbeausübung in den Räumen, z. B. Ausübung der gewerblichen Prostitution, Substanzgefährdung der Räume durch Vernachlässigung von Reparaturen, die dem Mieter obliegen.

193 In all diesen Fällen ist die Fortsetzung des vertragswidrigen Handelns trotz **Abmahnung** durch den Vermieter erforderlich. Eine Vertragsklausel, wonach der Vermieter bei vertragswidrigem Gebrauch auch ohne Abmahnung fristlos kündigen darf, ist unwirksam. Nur in Ausnahmefällen kann auf die Abmahnung verzichtet werden, z. B. wenn der vertragswidrige Gebrauch für den Mieter offensichtlich war und dem Vermieter weiteres Abwarten nicht zumutbar ist. Macht der Mieter einen vertragswidrigen Gebrauch von den Räumen und stellt ihn nach einer Abmahnung durch den Vermieter ab, so kann eine Kündigung des Mietverhältnisses wirksam nicht mehr erklärt werden. Erfolgt der vertragswidrige Gebrauch nicht durch den Mieter, sondern durch einen Dritten, dem der Mieter die Räume überlassen hat, so muß die Abmahnung, die im übrigen formfrei erklärt werden kann, trotzdem an den Mieter gerichtet werden.

Läßt der Vermieter nach der Abmahnung längere Zeit vergehen ohne zu kündigen und setzt der Mieter in dieser Zeit den vertragswidrigen Gebrauch fort, so ist eine erneute Abmahnung durch den Vermieter erforderlich, da andernfalls davon ausgegangen wird, daß der Vermieter den vertragswidrigen Gebrauch nunmehr doch hinnimmt.

194 Die fristlose Kündigung nach § 553 BGB muß schriftlich erfolgen, die Kündigungsgründe müssen genannt werden, soweit sie dem Mieter nicht anderweitig mitgeteilt oder bekanntgemacht worden sind. Der Inhalt der Abmahnung muß sich mit dem Inhalt des Kündigungsschreibens decken. Sind andere Kündigungsgründe aufgetreten, auf die der Mieter nunmehr die Kündigung setzen will, wegen denen er aber noch nicht abgemahnt hat, ist eine erneute Abmahnung erforderlich. Wird eine fristlose Kündigung in einem Räumungsprozeß allein auf nachträglich entstandene, also in der Kündigungserklärung nicht enthaltene Kündigungsgründe gestützt, ist eine erneute Kündigungserklärung erforderlich. Die Kündigungserklärung muß dem Mieter zugehen. Verweigert er die Kenntnisnahme, gilt die Kündigung als zugegangen.

§ 553 BGB ist für Wohnraummietverhältnissse wie für Gewerberaummietverhältnisse gleichermaßen anwendbar.

195 Der Vermieter kann das Mietverhältnis weiter fristlos wegen **Zahlungsverzug** des Mieters kündigen, § 554 BGB. Die Kündigung ist möglich, wenn der Mieter zwei aufeinanderfolgende Zahlungstermine mit der Entrichtung des Mietzinses oder eines nicht unerheblichen Teils des Mietzinses in Verzug ist, oder in einem Zeitraum, der sich über mehr als zwei Zahlungstermine erstreckt, mit der Entrichtung des Mietzinses in Höhe eines Betrages in Verzug gekommen ist, der den Mietzins für zwei Monate erreicht. Nachdem zum Mietzins auch Nebenkostenbeträge gehören, können Rückstände an Heiz- und Warmwasserkostenvorauszahlungen einen Grund zur fristlosen Kündigung nach § 554 BGB abgeben. Nicht jedoch Mietzins sind Nachforderungen aus einer jährlichen Nebenkostenabrechnung. Kommt der Mieter daher mit der Begleichung der Nachforderung aus der jährlichen Abrechnung in Verzug, kann der Vermieter nicht nach § 554 BGB kündigen. Verzug bedeutet, daß der Mieter den Mietzins trotz Fälligkeit nicht bezahlt. Die Fälligkeit ist bei Mietverhältnissen in der Regel zeitlich im Mietvertrag bestimmt.

196 Hinsichtlich des Umstandes, daß Verzug nur bei Verschulden im Sinne der §§ 284, 285 BGB eintritt, ist darauf hinzuweisen, daß der Mieter seine finanzielle Leistungsfähgikeit immer zu vertreten hat. Der Mieter hat auch Leistungsunfähigkeit zu vertreten, die z. B. auf Krankheit oder auf Arbeitslosigkeit beruht. Etwas anderes gilt dann, wenn der Mieter den Mietzins unter Vorbehalt zahlt, wenn zwischen Mieter und Vermieter vereinbart ist, daß der Mietzins im Lastschriftverfahren eingezogen wird und der Einzug ohne Verschulden des Mieters nicht durchgeführt wird, wenn der Mieter, ohne grob fahrlässig zu handeln, den Mietzins zu stark mindert oder ein Zurückbehaltungsrecht im Übermaß ausübt oder wenn der Mieter zur Zustimmung zu einer Mieterhöhung verurteilt worden ist und die Rückstände nicht unverzüglich nachbezahlt, § 9 Abs. 2 MHG.

197 Für Gewerberaummietverhältnisse gilt ausschließlich die Regelung des § 554 Abs. 2 Satz 1 BGB, wonach die fristlose Kündigung möglich ist, wenn der Mieter für zwei aufeinanderfolgende Termine mit der Entrichtung des Mietzinses oder eines nicht unerheblichen Teils des Mietzinses in Verzug ist. Für Wohnraummietverhältnisse gilt ergänzend die Sonderregelung des § 554 Abs. 2 Satz 1 BGB, wonach in dem Fall, in dem Verzug in Form eines nicht unerheblichen Teiles des Mietzinses besteht, der rückständige Teil des Mietzinses nur dann als nicht unerheblich anzusehen ist, wenn er den Mietzins für einen Monat übersteigt, es sei denn, der Wohnraum ist nur zu vorübergehendem Gebrauch vermietet. Diese Mietverhältnisse gelten als weniger schutzbedürftig. Es reicht also im Falle eines Wohnraummietverhältnisses nicht aus, wenn der Mieter für zwei aufeinanderfolgende Zahlungstermine jeweils die Hälfte des Mietzinses oder weniger bezahlt. Andererseits reicht es aus, wenn der Wohnraummieter in einem Monat die Hälfte des Mietzinses, im darauffolgenden Monat 2/3 bezahlt. Nachdem die Hälfte des Mietzinses immer ein nicht unerheblicher Teil ist, reicht es bei Gewerberaummietverhältnissen für die fristlose Kündigung nach § 554 Abs. 1 Nr. 1 BGB aus, wenn der Gewerberaummieter zu zwei aufeinanderfolgenden Zahlungsterminen nur die Hälfte des Mietzinses zahlt. Die Kündigungsmöglichkeit nach § 554 Abs. 1 Nr. 2 BGB, nämlich daß der Mieter in einem Zeitraum, der sich über mehr als zwei Termine erstreckt, mit der Entrichtung des Mietzinses in Höhe eines Betrages in Verzug gekommen ist, der den Mietzins für zwei Monate erreicht, gilt für Wohnraum- wie für Gewerberaummietverhältnisse gleichermaßen. Auf die jeweilige Höhe der Rückstände in den einzelnen Monaten kommt es hier nicht an. Der Verzug muß sich jedoch über den gesamten Zeitraum erstrecken, der zur Erreichung des Rückstandes zugrundegelegt wird. Unerheblich ist, wenn zu einem dazwischenliegenden Zahlungstermin der Mietzins in voller Höhe und rechtzeitig bezahlt wird, soweit weiterhin Mietzinsbeträge rückständig sind.

198 Gemäß § 554 Abs. 1 Satz 2 BGB entfällt das Kündigungsrecht des Vermieters, wenn der Vermieter vor Zugang der Kündigung beim Mieter hinsichtlich des Gesamtrückstandes am Mietzins befriedigt wird. Lediglich eine teilweise Tilgung von Mietrückständen macht die fristlose Kündigung jedoch nicht unwirksam. Aufgrund der Rückwirkung einer erklärten Aufrechnung auf den Zeitpunkt der Aufrechnungslage, wird eine fristlose Kündigung wegen Zahlungsverzug auch dann unwirksam, wenn sich der Mieter von seiner Schuld durch Aufrechnung befreien konnte und unverzüglich nach der Kündigung die Aufrechnung erklärt, § 554 Abs. 1 Satz 3 BGB. Hier kann also die Kündigung noch nach Zugang der Kündigungserkärung unwirksam werden. Die Aufrechnungslage muß jedoch vor dem Zugang der Kündigung entstanden sein und der Mieter unverzüglich nach der Kündigung die Aufrechnung erklären. Wird eine fristlose Kündigung wegen Zahlungsverzug durch Erklärung der Aufrechnung nach § 554 Abs. 1 Satz 3 BGB unwirksam, so wird hierdurch die Rechtsfolge des § 554 Abs. 2 Satz 2 BGB nicht ausgelöst. Das heißt, der Wohnraummieter kann innerhalb eines auf die Aufrechnung folgenden Zeitraums bei einem erneuten zur fristlosen Kündigung berechtigenden Zahlungsrückstand innerhalb der Schonfrist des § 554 Abs. 2 Satz 1 BGB eine fristlose Kündigung durch Nachzahlung der Rückstände unwirksam machen.

199 Die **Schonfrist des § 554 Abs. 2 Nr. 2 BGB** stellt eine weitere, nicht abdingbare Sonderregelung für Wohnraummietverhältnisse dar. Hiernach wird dem Wohnraummieter im Falle eines zur fristlosen Kündigung berechtigenden Zahlungsverzuges die Möglichkeit gegeben, sich die Mietwohnung zu erhalten, indem er bis zum Ablauf eines Monats nach Eintritt der Rechtshängigkeit des Räumungsanspruchs den Vermieter hinsichtlich des gesamten fälligen Mietzinses befriedigt oder eine öffentliche Stelle sich zur Befriedigung des Vermieters verpflichtet. Die Rechtshängigkeit des Räumungsanspruchs tritt mit der Zustellung der Räumungsklage nach § 261 Zivilprozeßordnung (ZPO) ein. Unwirksamkeit der Kündigung tritt natürlich auch ein, wenn die Befriedigung des Vermieters vor Eintritt der Rechtshängigkeit des Räumungsanspruchs, also vor Zustellung der Klage erfolgt, da die Frist von einem Monat nach Eintritt der Rechtshängigkeit lediglich den äußersten Zeitpunkt für die Befriedigung des Vermieters bezeichnet. Der Vermieter muß hinsichtlich aller bis zum Zeitpunkt der Befriedigung aufgelaufenen Rückstände an Mietzins und an Nutzungsentschädigung nach § 557 BGB befriedigt werden. Diese Befriedigung des Vermieters kann auch durch Aufrechnung innerhalb der Schonfrist herbeigeführt werden.

Eine Wiedereinsetzung, falls die Monatsfrist des § 554 Abs. 2 Nr. 2 BGB versäumt wurde, ist nicht möglich.

200 Möglich ist auch, daß sich eine öffentliche Stelle innerhalb der Schonfrist zur Befriedigung des Vermieters verpflichtet. Dies kann z. B. das Sozialamt oder das Wohnungsamt sein. Durch die Verpflichtungserklärung erwirbt der Vermieter einen unmittelbaren Anspruch gegen die öffentliche Stelle, der neben den Anspruch des Mieters tritt. Die öffentliche Stelle darf jedoch an die Verpflichtungserklärung keine zusätzlichen Bedingungen knüpfen, wie z. B. Rücknahme der Räumungsklage. Eine derartige Verpflichtungserklärung ist unwirksam, es sei denn, der Vermieter akzeptiert die Verpflichtungserklärung in dieser Form.

201 Gemäß § 554 Abs. 2 Nr. 2 Satz 2 BGB ist die Befriedigung des Vermieters innerhalb der Schonfrist nicht möglich, wenn der Kündigung vor nicht mehr als zwei Jahren bereits eine nach § 554 Abs. 2 Satz 1 BGB unwirksame Kündigung vorausgegangen ist. Das heißt, die Möglichkeit, eine Kündigung nach § 554 BGB durch Zahlung der Rückstände innerhalb der Schonfrist unwirksam zu machen, kann nur einmal innerhalb von zwei Jahren in Anspruch genommen werden. Erfolgt die nachträgliche Befriedigung des Vermieters nicht innerhalb der Schonfrist, ist also die Kündigung nicht unwirksam geworden, wird aber das Mietverhältnis durch den Vermieter trotzdem fortgesetzt, so kann der Mieter innerhalb von zwei Jahren eine wiederum wegen Zahlungsverzug erfolgende Kündigung durch Nachzahlung innerhalb der Schonfrist unwirksam machen. Der Ausschluß des § 554 Abs. 2 Nr. 2 BGB tritt nicht ein.

202 Für Gewerberaummietverhältnisse gilt weder die Vorschrift des § 554 Abs. 2 BGB hinsichtlich der Erheblichkeit des rückständigen Teiles des Mietzinses im Sinne des § 554 Abs. 1 Nr. 1 Satz 1 BGB und hinsichtlich des Unwirksamwerdens der Kündigung bei Nachzahlung innerhalb der Schonfrist, es kann noch anderes hinsichtlich der Voraussetzungen der fristlosen Kündigung, wie sie in § 554 Abs. 1 Nr. 1 und 2 BGB festgelgt sind, vereinbart werden, so z. B. ein Kündigungsrecht des Vermieters bei Rückstand von nur einer Monatsmiete.

203 Wegen **schuldhafter Pflichtverletzung** und dadurch unzumutbarem Mietverhältnis ist sowohl für den Mieter als auch für den Vermieter gemäß § **554 a BGB** die Möglichkeit zur fristlosen Kündigung des Mietverhältnisses gegeben. Darüber hinaus ist über die Voraussetzungen des § 554 a BGB hinaus ein Recht zur außerordentlichen Kündigung des Mietverhältnisses aus wichtigem Grund gegeben. Dies gilt vor allem dann, wenn keine **schuldhafte** Vertragsverletzung vorliegt, dem anderen Vertragsteil ein Festhalten am Vertrag jedoch nicht zumutbar ist, z. B. Beinträchtigung durch einen psychisch Kranken. Auch wenn beide Vertragsteile gleichermaßen Pflichtverletzungen begangen haben und dadurch das Mietverhältnis zerrüttet ist, ist die fristlose Kündigung durch eine der beiden Parteien möglich. Dies schließt nicht aus, daß die andere Partei einen Schadensersatzanspruch wegen Vertragsverletzung hat.

204 Nach § 554 a BGB muß die Pflichtverletzung schuldhaft sein, also vorsätzlich oder fahrlässig im Sinne des § 276 BGB. Weiter haftet der Pflichtverletzer für Erfüllungsgehilfen, z. B. Familienangehörige, Untermieter nach § 278 BGB. Zu beachten ist, daß Rechtfertigungs- und Schuldausschließungsgründe vorliegen können, so z. B. Notwehr nach § 227 BGB, Notstand nach § 228 BGB und das Selbsthilferecht des § 229 BGB.

205 Der fristlosen Kündigung nach § 554 a BGB muß regelmäßig eine Abmahnung vorausgehen. In der Abmahnung muß das Verhalten des anderen Vertragsteiles beanstandet werden und die Kündigung ausdrücklich angedroht werden. Weiter muß dem kündigenden Vertragsteil die Fortsetzung des Mietverhältnisses unzumutbar sein. Nicht zumutbar ist die Fortsetzung des Mietverhältnisses angesichts besonders schwerer Vertragsverletzungen, bei der Zumutbarkeit der Fortsetzung sind andere Umstände zu berücksichtigen, so z. B. Alter, Krankheit des anderen Vertragsteiles, dessen familiäre Verhältnisse, weiter eine alsbald bevorstehende Beendigung des Vertragsverhältnisses durch Ablauf. Dasselbe gilt, wenn eine Vertragspartei die andere zu einer Vertragsverletzung provoziert hat. Die provozierende Vertragspartei kann in der Regel dann nicht kündigen. Es ergibt sich somit, daß aus dem Gesichtspunkt der Zumutbarkeit heraus auch bei schwerwiegenden Vertragsverletzungen möglicherweise eine Kündigung nicht erfolgen kann.

206 Nach § 554 a Satz 2 BGB ist eine entgegenstehende Vereinbarung unwirksam. § 554 a BGB ist also nicht abdingbar, und zwar weder bei Wohnraum- noch bei Gewerberaummietverhältnissen. Im Streitfall muß der Kündigende alle Voraussetzungen seines Kündigungsrechts beweisen.

207 Neben den fristlosen Kündigungsmöglichkeiten wegen vertragswidrigem Gebrauch und Zahlungsverzug, die Kündigungsmöglichkeiten nur des Vermieters darstellen und schuldhafter Vertragsverletzung nach § 554 a BGB, die beide Vertragsteile betrifft, gibt es zwei weitere Möglichkeiten der fristlosen Kündigung, die wiederum ausschließlich Kündigungsmöglichkeiten durch den Mieter betreffen. Es handelt sich um die fristlose Kündigung wegen Nichtgewährung des Gebrauchs nach den §§ 542, 543 BGB und wegen Gesundheitsgefährdung nach § 544 BGB.

208 Nach § 542 Abs. 1 BGB kann der Mieter das Mietverhältnis fristlos kündigen, wenn ihm der **vertragsmäßige Gebrauch** der Mieträume ganz oder zum Teil **nicht** rechtzeitig **gewährt** oder wieder entzogen wird. Grund für die Nichtgewährung des Gebrauchs kann ein Mangel nach § 537 BGB oder nach § 541 BGB oder eine andere Erfüllungsverweigerung durch den Vermieter sein. Nach § 542 Abs. 2 BGB ist bei einer unerheblichen Minderung oder Vorenthaltung des Gebrauchs die Kündigung nur zulässig, wenn sie durch ein besonderes Interesse des Mieters gerechtfertigt ist. Ein besonderes Interesse liegt jedenfalls dann vor, wenn der Vermieter einen Umstand zugesichert hat. Weiter ist Voraussetzung der Kündigung, daß der Mieter dem Vermieter nach § 542 Abs. 1 Satz 2 BGB eine angemessene Frist zur Abhilfe gesetzt hat, die der Vermieter ungenutzt hat verstreichen lassen. Die Erklärung, in der die Abhilfefrist gesetzt wird, muß dem Inhalt nach enthalten, welche Mängel beseitigt werden sollen, die Aufforderung an den Vermieter, Abhilfe zu schaffen und eine Fristsetzung. Bei ernsthafter und endgültiger Abhilfeverweigerung oder bei objektiver Unmöglichkeit der Mangelbeseitigung ist die Fristsetzung entbehrlich. Nicht erheblich ist, ob die Abhilfe schuldhaft unterlassen wurde.

Fälle für die Gebrauchsentziehung sind z. B.:

- Befall der Wohnung mit Ungeziefer,
- Erhebliche Geruchsbelästiung durch eine städtische Kläranlage,
- ein Baugerüst an der Außenfassade der Wohnung.

Nach Ablauf der Abhilfefrist muß dem Mieter noch eine Überlegungsfrist zugebilligt werden. Bei übermäßiger Verzögerung ist das Kündigungsrecht jedoch verwirkt. Bei der Kündigung ist die Angabe von Kündigungsgründen erforderlich, ebenfalls Schriftform.

Bei Wohnraummietverhältnissen ist die Vorschrift des § 542 BGB nicht ausschließbar oder einschränkbar, anders jedoch bei Gewerberaummietverhältnissen. Hier kann das Kündigungsrecht nach § 542 BGB ausgeschlossen oder eingeschränkt werden.

209 Nach § 544 BGB kann der Mieter das Mietverhältnis fristlos kündigen, wenn der Raum so beschaffen ist, daß die Benutzung mit einer erheblichen **Gefährdung der Gesundheit** verbunden ist. Im Gegensatz zu der Vorschrift § 542 BGB betrifft die Vorschrift naturgemäß entweder Wohnräume oder Räume, die ebenfalls zum Aufenthalt von Menschen bestimmt sind. Hier kann es sich natürlich auch um Gewerberäume, wie z. B. Büroräume, Gaststätten, Wartezimmer, handeln. Eine erhebliche Gesundheitsgefährdung reicht als Kündigungsgrund aus, eine Gesundheitsschädigung muß noch nicht eingetreten sein. Auf ein Verschulden des Vermieters kommt es nicht an.

Zur Kündigung nach § 544 BGB berechtigende Fälle der Gesundheitsgefährdung sind z. B.

- Gesundheitsgefährdende Feuchtigkeitsschäden in den Räumen,
- nicht beheizbare Wohnung.

210 Die Gesundheitsgefährdung muß objektiv vorliegen, außerdem darf der gesundheitsgefährdende Zustand nicht durch den Mieter geschaffen worden sein. Nach dem Gesetz ist weder eine Anzeige der drohenden Gesundheitsgefährdung noch die Setzung einer Abhilfefrist erforderlich. Die Kündigung muß jedoch schriftlich erfolgen. Eine vorübergehende oder leicht behebbare Beeinträchtigung reichen als Kündigungsgrund nicht aus.

8.3 Ordentliche Kündigung

8.3.1 Ordentliche Kündigung bei Gewerberaum

211 Im Gegensatz zu Wohnraum, bei dem die ordentliche Kündigung ganz erheblichen Einschränkungen unterliegt und sowohl, was die Kündigungsfrist, als auch die Kündigungsgründe betrifft, nur unter eng umgrenzten gesetzlichen Voraussetzungen möglich ist, unterliegt die Kündigung bei der Vermietung von Gewerberaum keinen gesetzlichen Kündigungsbeschränkungen. Etwas anderes gilt bei Gewerberaummietverhältnissen auf dem Gebiet der ehemaligen DDR, also im Beitrittsgebiet. Näheres hierzu unter 9.2.2. Mietverhältnissse über Gewerberaum können ordentlich jederzeit unter Einhaltung der vertraglich vereinbarten Kündigungsfrist gekündigt werden. Ist eine solche Kündigungsfrist nicht vereinbart, so gilt die Frist des § 565 BGB. Ist nach § 565 Abs. 1 Nr. 3 BGB der Mietzins nach Monaten oder längeren Zeitabschnitten bemessen, so ist die Kündigung spätestens am dritten Werktag eines Kalendermonats für den Ablauf des übernächsten Monats zulässig. Nach der gesetzlichen Regelung muß die Kündigung spätestens am dritten Werktag dem Empfänger zugegangen sein. Schriftform ist für die Kündigung des Gewerberaummietverhältnisses nicht vorgeschrieben. Ebenfalls ist eine Begründung nicht erforderlich, da Kündigungsgründe von Gesetzes wegen nicht vorliegen müssen. Im Gegensatz zu Wohnraummietverhältnissen verlängern sich die Kündigungsfristen nicht bei längerer Mietdauer. Einen Anspruch auf die Gewährung einer Räumungsfrist bei Vorliegen der Voraussetzungen hat der Gewerbemieter ebenfalls nicht.

212 Angesichts der weitreichenden Kündigungsmöglichkeiten wird bei Gewerberaummietverhältnissen häufiger eine **Option** vereinbart. Die Option gibt dem Berechtigten, sei es Mieter oder Vermieter, die Möglichkeit, das Mietverhältnis um eine bestimmte vereinbarte Zeit zu verlängern und zwar durch einseitige Erklärung gegenüber dem Vertragspartner. Die Option kann zwar nur im gegenseitigen Einvernehmen vereinbart werden, bei ihrer Ausübung genügt jedoch allein der Wille des durch die Option Berechtigten. Eine Zustimmung durch den Vertragspartner ist nicht notwendig. Eine Option hat z. B. folgenden Inhalt:

„Der Mieter hat das Recht, zweimal eine Verlängerung des Mietverhältnisses um je drei Jahre zu verlangen. Die Erklärung muß dem Vermieter gegenüber spätestens jeweils sechs Monate vor Ablauf des Mietverhältnisses schriftlich abgegeben werden. Wird die Option nicht ausgeübt, verlängert sich das Mietverhältnis auf unbestimmte Zeit."

8.3.2 Ordentliche Kündigung bei Wohnraum

213 Abgesehen von Ausnahmefällen, wie z. B. der Kündigung von Werkmietwohnungen nach § 565 c BGB, oder der Kündigung durch den Vermieter bei Tod des Mieters nach § 569 BGB, ist die ordentliche Kündigung eines Mietverhältnisses über Wohnraum nur unter den Voraussetzungen des § 564 b BGB zulässig. Der Vermieter benötigt also ein berechtigtes Interesse an der Beendigung des Mietverhältnisses. Nach der Rechtsprechung kann der Vermieter im Falle des § 569 BGB, also bei Tod des Mieters, bei Wohnraummietverhältnissen das Mietverhältnis den Erben auch nur dann kündigen, wenn er gegenüber den Erben ein berechtigtes Interesse nach § 564 b BGB hat. Die Kündigung nach § 564 b BGB muß schriftlich erfolgen und begründet sein, § 564 a BGB.

8.3.2.1 Vertragsverletzung

Als ein berechtigtes Interesse des Vermieters an der Beendigung des Mietverhältnisses, also als einen Grund zur ordentlichen Kündigung, ist anzusehen, wenn der Mieter seine vertraglichen Verpflichtungen schuldhaft nicht unerheblich verletzt hat, § 564 b Abs. 2 Nr. 1 BGB. Es kann sich um eine Vertragsverletzung handeln, die gleichzeitig die Voraussetzungen der §§ 553, 554 oder 554 a BGB erfüllt. Der Vermieter kann dann wahlweise fristlos oder ordentlich, unter Einhaltung der Kündigungsfrist, kündigen. Eine Abmahnung ist nach dem Gesetz nicht vorgesehen. **214**

Folgende **Einzelfälle** einer ordentlichen Kündigung wegen Verletzung der vertraglichen Verpflichtungen des Vermieters seien angeführt: **215**

- Zahlungsrückstand des Mieters, und zwar auch in geringerem Maße als nach § 554 BGB. Zu berücksichtigen ist, daß auch die ordentliche Kündigung durch Zahlung des Rückstandes innerhalb der Schonfrist des § 554 Abs. 2 Nr. 2 BGB unwirksam wird.
- Unpünktliche Mietzahlung über einen längeren Zeitraum hinweg, die trotz Abmahnung durch den Vermieter fortgesetzt wird. Hier muß sich aus der Abmahnung ergeben, daß der Vermieter die unpünktliche Mietzahlung in Zukunft nicht mehr hinnehmen werde, mit Kündigung muß nicht ausdrücklich gedroht werden.
- Überbelegung der Räume, wobei die Überbelegung in der Regel zur Kündigung berechtigt, wenn Substanzschäden an der Wohnung zu befürchten sind. Nach der Rechtsprechung kann ein Vermieter das Mietverhältnis über eine 57 Quadratmeter große Wohnung z. B. kündigen, wenn die Wohnung, die ursprünglich mit zwei Erwachsenen und drei Kindern belegt war, nunmehr durch drei weitere Kinder belegt werden soll. Wiederholte Verletzung der Obhutspflicht, z. B. bei eintretenden Schäden, nachhaltige Verstöße gegen die Hausordnung, Straftaten gegenüber dem Vermieter und seinen Angehörigen.

8.3.2.2 Eigenbedarf

Als Grund für eine ordentliche Kündigung des Mietverhältnisses, also als berechtigtes Interesse des Vermieters an der Beendigung des Mietverhältnisses, ist es anzusehen, wenn der Vermieter gemäß § 564 b Abs. 2 Nr. 2 BGB die Räume als Wohnung für sich, die zu seinem Hausstand gehörenden Personen oder für einen Familienangehörigen benötigt. **216**

Bei den Personen, für die Eigenbedarf geltend gemacht werden kann, kann es sich zunächst um den Vermieter selbst handeln. Das heißt, daß der Vermieter die Räume selbst beziehen will. Die Räume müssen aber vom Vermieter überwiegend zu Wohnzwecken, nicht zu geschäftlichen Zwecken genutzt werden. Eigenbedarf muß der Vermieter selbst haben. Sind Eigentümer und Vermieter verschiedene Personen, so kommt es nicht auf den Eigenbedarf des Eigentümers, sondern nur des Vermieters an. Juristische Personen können Eigenbedarf nicht geltend machen. Weiter kann der Vermieter Eigenbedarf für Hausstands- und Familienangehörige geltend machen. Hausstandsangehörige sind z. B. Hausangestellte und Pflegepersonen. Diese müssen sich im Gegensatz zu Familienangehörigen zum Zeitpunkt der Geltendmachung des Eigenbedarfs bereits im Haushalt des Vermieters befinden. Familienangehörige sind der Ehegatte, die Kinder, Enkel, die Eltern, Großeltern sowie Geschwister des Vermieters. Weiter entfernte Verwandte und Verschwägerte kommen als Familienangehörige in Betracht, soweit eine besondere Verantwortung des Vermieters für den Wohnbedarf dieser Personen aus sozialem Kontakt besteht.

217 **„Benötigen“** der Räume bedeutet, daß der Vermieter ein vernünftiges, billigenswertes Interesse an der Erlangung der Wohnung hat. Liegt ein derartiges Interesse vor, ist der Mieter nur gegen willkürliche Kündigung geschützt. Hierbei ist zu beachten, daß sich aus dem Eigentum des Vermieters die Befugnis ergibt, zu bestimmen, welchen Wohnbedarf er für sich und seine Angehörigen als angemessen ansieht. Ob Eigenbedarf tatsächlich im Sinne eines „Benötigen“ vorliegt, kann nur nach dem Einzelfall entschieden werden. Es kommt auf die jeweiligen Einzelumstände an.

Beispielsfälle:

- Die Beanspruchung größeren Wohnraums aus beruflichen Gründen rechtfertigt die Eigenbedarfskündigung,
- ein kürzerer Weg zur Arbeitsstelle des Vermieters rechtfertigt die Kündigung,
- Bewohnen einer unzumutbar teureren Wohnung durch den Vermieter ist ein Eigenbedarfsgrund,
- der Vermieter beabsichtigt die Trennung vom Ehepartner und den Kindern, er kann für seine Angehörigen Eigenbedarf geltend machen,

- dem Vermieter selbst ist gekündigt worden, das Risiko eines Kündigungsprozesses mit seinem eigenen Vermieter ist ihm nicht zuzumuten,
- der Vermieter benötigt die Wohnung für eine Hilfs- und Pflegeperson, auch dann, wenn eine Pflegebedürftigkeit des Vermieters noch nicht eingetreten, aber zeitlich absehbar ist,
- der Vermieter ist selbst gebrechlich und benötigt die beanspruchte Wohnung, da sie für ihn in seinem Zustand geeignet ist. Er kann nicht auf Beziehen eines Seniorenwohnheimes verwiesen werden.

Kein Eigenbedarf wurde in folgenden Fällen angenommen: **218**

- Aufenthaltsberechtigter Angehöriger des Vermieters bewohnt eine teurere Wohnung, als die gekündigte,
- kein Eigenbedarf für ein schulpflichtiges Kind des Vermieters, das ein Zimmer im elterlichen Haus hat, soweit das Zimmer für das Kind ausreicht.

Weiter kann ein **allgemeiner Raumbedarf** des Vermieters bestehen, der als berechtigtes Interesse dem Interesse des Eigenbedarfs gleichwertig ist. Hier kann es sich um Raumbedarf einer Gebietskörperschaft, z. B. einer Gemeinde, handeln, die durch die anderweitige Nutzung der Wohnung konkrete öffentliche Aufgaben erfüllen will, z. B. Räume für kulturelle und soziale Zwecke bereitzustellen. Weiter kann ein berechtigtes Interesse hier an der Beendigung eines Wohnraummietverhältnisses bestehen, wenn der Abbruch des Wohnhauses zur Ausführung einer sinnvollen Verkehrsberuhigung erforderlich ist. **219**

In Betracht kommt auch Raumbedarf in Form des **Betriebsbedarfs.** Dieser liegt vor, wenn der Vermieter die Wohnung einem Arbeitnehmer zur Verfügung stellen will, der einen konkreten Wohnbedarf hat. Dies gilt auch dann, wenn es sich nicht um eine Werkmietwohnung im Sinne der §§ 565 b und 565 c BGB handelt. Geschäftsbedarf ist auch der Raumbedarf an einer Hausmeisterwohnung. Ist ein Hausmeister bisher noch nicht vorhanden, muß ein wichtiges Interesse an der Einstellung eines Hausmeisters vorliegen, das die Kündigung einer Wohnung rechtfertigt. Ist Hausmeister und Hausmeisterwohnung vorhanden, ist die Kündigung gerechtfertigt, falls die Wohnung für einen neuen Hausmeister benötigt wird. Zu beachten ist jedoch, daß die Kündigung erst nach Beendigung des Arbeitsverhältnisses mit dem bisherigen Hausmeister erfolgen kann. **220**

221 Die Eigenbedarfsgründe müssen im Kündigungsschreiben, Schriftform ist nach § 564 a BGB vorgeschrieben, enthalten sein. Nicht ausreichend ist, wenn im Kündigungsschreiben lediglich das Wort „Eigenbedarf" verwendet wird. Der Vermieter darf sich auch nicht nur auf die Wiedergabe des Gesetzestextes beschränken, sondern muß konkret darlegen, für welche Person oder Personen aus welchen Umständen heraus die Räume benötigt werden.

222 Der Eigenbedarf darf nicht **selbst herbeigeführt** oder **verschuldet** sein. Dies bedeutet, daß die Eigenbedarfsgründe nach Abschluß des Mietvertrages entstanden sein müssen. Besitzt der Vermieter eine leerstehende Wohnung und vermietet sie, obwohl er weiß, daß er oder ein Angehöriger Eigenbedarf an dieser Wohnung hat, kann er später Eigenbedarf nicht geltend machen. Dies gilt dann nicht, wenn der Eigenbedarf erst in nicht genau bestimmter Zukunft eintritt. Verschuldeter Eigenbedarf liegt auch dann nicht vor, wenn der Vermieter, der bereits Eigenbedarf hat, eine vermietete Eigentumswohnung kauft. Besitzt jedoch der Vermieter eine für den Eigenbedarf geeignete Wohnung, die leer steht, ist er nicht berechtigt, dem Mieter einer anderen Wohnung zu kündigen, sondern er muß die leerstehende Wohnung in Anspruch nehmen. Der Vermieter muß jedoch dann eine leerstehende Wohnung nicht in Anspruch nehmen, wenn ihm dies wirtschaftlich unzumutbar ist. dies ist dann der Fall, wenn er seine leerstehenden Räume als Geschäftsräume zu einem höheren Mietzins als er für die gekündigte Wohnung zu erzielen ist, vermieten kann.

223 Entfallen die die Kündigung wegen Eigenbedarfs rechtfertigenden Gründe, bevor die Kündigungsfrist abgelaufen ist und der Mieter die Wohnung geräumt hat, ist der Vermieter verpflichtet, den Mieter davon zu unterrichten und das Mietverhältnis auf Verlangen des Mieters fortzusetzen. Unterläßt der Vermieter dies, kann er sich wegen Betrugs strafbar und außerdem schadensersatzpflichtig aus positiver Vertragsverletzung des Mietverhältnisses machen. Eigenbedarfsgründe, die nicht beim Vermieter selbst vorliegen, z. B. Eigenbedarf von Angehörigen, muß der Vermieter jedoch nicht ständig auf ihr Vorhandensein überprüfen. Liegen jedoch Anhaltspunkte vor, daß der Eigenbedarf nicht mehr besteht, muß der Vermieter sich darüber vergewissern.

224 Ebenfalls einen Schadensersatzanspruch aus positiver Vertragsverletzung löst aus, wenn der Vermieter **Eigenbedarf vortäuscht**. Der Vermieter muß die Umstände, die den Eigenbedarf ausmachen, wahrheitsgemäß angeben. Der Mieter hat einen Auskunftsanspruch hinsichtlich des

Eigenbedarfs, insbesondere dann, wenn der Vermieter nach der Kündigung und Räumung durch den Mieter an einen Dritten, für den Eigenbedarf nicht geltend gemacht wurde, neu vermietet hat. Der Vermieter muß sich in diesem Fall entlasten. Stellt sich heraus, daß er den Eigenbedarf schuldhaft vorgetäuscht hat, kann er sich schadensersatzpflichtig und wegen Betrugs strafbar machen. Dies gilt auch dann, wenn der Mieter aufgrund der schlüssig vorgetragenen Eigenbedarfsgründe des Vermieters die Wohnung freiwillig räumt.

225 Hat der Vermieter Eigenbedarf vorgetäuscht, so umfaßt der Schadensersatzanspruch des Mieters alle Vermögensnachteile, die dem Mieter durch die ungerechtfertigte Kündigung entstanden sind. Dies sind Umzugskosten, Kosten eines Räumungsprozesses, Kosten für die Renovierung der alten und gegebenenfalls der neuen Wohnung, Mehrkosten für die Ersatzwohnung, soweit es sich um eine gleichwertige Wohnung wie die geräumte handelt. Etwas anderes gilt, wenn der Mieter vorübergehend keine gleichwertige, sondern nur eine höherwertige Wohnung als die geräumte findet.

226 Nach § 564 b Abs. 2 Satz 2 BGB gilt, daß sich der Erwerb einer Mietwohnung, soweit an der Mietwohnung nach der Überlassung an den Mieter Wohnungseigentum begründet und dieses an den Erwerber veräußert worden ist, auf berechtigte Interessen des Eigenbedarfs nicht vor Ablauf von drei Jahren seit der Veräußerung an ihn berufen kann **(Sperrfrist)**. Hierdurch soll der Mieter gegen die alsbaldige Geltendmachung von Eigenbedarf, der nach Aufteilung eines Mietshauses in Eigentumswohnungen durch den Erwerber einer Eigentumswohnung geltend gemacht wird, geschützt werden. Die Gefahr, daß der Erwerber einer einzelnen Eigentumswohnung an dieser Eigenbedarf geltend macht, ist naturgemäß erheblich größer als die, daß der Besitzer eines Mietshauses mit einer Mehrzahl von Wohnungen an einer dieser Wohnungen Eigenbedarf hat. Bei der Vorschrift ist vor allem an den Erwerb von Mietshäusern zu spekulativen Zwecken mit anschließender Modernisierung und gewinnbringender Weiterveräußerung nach Aufteilung in Eigentumswohnungen gedacht. Der Erwerber der Wohnung muß jedoch nach Ablauf der Dreijahresfrist des § 564 b Abs. 2 Nr. 2 Satz 2 BGB tatsächlich Eigenbedarf haben. Die Vorschrift ist nicht anwendbar, wenn bereits vor der Überlassung der Räume an den Mieter Wohnungseigentum begründet worden ist. Nicht ist die Vorschrift auch anwendbar, wenn der Vermieter lediglich Mietwohnungen seines Mietshauses in Eigentumswohnungen umwandelt und an einer Wohnung Eigenbedarf geltend macht, eine Veräußerung aber nicht stattfindet. Wird die Wohnung nach Veräußerung innerhalb der Dreijahresfrist erneut veräußert, treten nachfolgende Erwerber in die Dreijahresfrist ein, die Sperrfrist beginnt nicht erneut zu laufen. Eine Kündigung des Erwerbers wegen Eigenbedarf kann nicht vor Ablauf der dreijährigen Wartefrist ausgesprochen werden. Eine vorher ausgesprochene Kündigung ist unwirksam, sie kann nicht in eine Kündigung zum zulässigen Termin umgedeutet werden.

227 Durch das Gesetz vom 20. 7. 1990 wurde die Vorschrift insoweit geändert, als in Gebieten, in denen ein besonderer Mangel an Mietwohnungen besteht, in denen also die Versorgung mit Mietwohnungen gefährdet ist, sich der Erwerber nicht vor Ablauf einer Wartefrist von fünf Jahren, anstatt von drei Jahren auf Eigenbedarf berufen kann. Derartige Wohnungsmangelgebiete sind durch Rechtsverordnung der Landesregierungen festgelegt worden.

8.3.2.3 Wirtschaftliche Verwertung

228 Als ein berechtigtes Interesse des Vermieters an der Beendigung des Mietverhältnisses und damit als Kündigungsgrund nach § 564 b BGB ist es anzusehen, wenn der Vermieter durch die Fortsetzung des Mietverhältnisses an einer angemessenen wirtschaftlichen Verwertung des Grundstücks gehindert und dadurch erhebliche Nachteile erleiden würde. Wirtschaftliche Verwertung bedeutet Verkauf, Vermietung, Umbau, Modernisierung oder Abbruch des Wohngebäudes. Soweit eine Kündigung wegen anderweitiger wirtschaftlicher Verwertung eine Zweckentfremdung von Wohnraum darstellt, ist diese nur dann wirksam, wenn die Zweckentfremdungsgenehmigung erteilt wird.

229 Folgende **Einzelfälle** sind anzuführen:

Erhaltungs- und Modernisierungsmaßnahmen, die vom Mieter nach § 541 b BGB zu dulden wären, rechtfertigen nicht die Kündigung des Mietverhältnisses. Dies gilt auch dann, wenn die Maßnahmen zu einer vorübergehenden Unbenutzbarkeit der Wohnung führen. Fällt jedoch die Wohnung durch eine Baumaßnahme weg, z. B. durch Einbau von Bädern und Toiletten, so kann ein berechtigtes Interesse an der Beendigung des Mietverhältnisses gegeben sein. Dies gilt z. B. auch beim Umbau einer 6-Zimmer-Wohnung in drei abgeschlossene Kleinwohnungen, wenn der Vermieter bei Hinderung der Maßnahme erhebliche Nachteile erleiden würde. Der Abbruch eines Hauses kann die Kündigung von in dem Haus bestehenden Mietverhältnissen rechtfertigen, wenn die Vermietung unrentabel geworden ist. Der Vermieter muß in diesem Fall jedoch darlegen und beweisen, daß eine Sanierung bei Aufrechterhaltung der Mietverhältnisse wirtschaftlich unzumutbar ist. Das Gesetz sieht in § 564 b Abs. 2 Nr. 3 Satz 2 BGB ausdrücklich vor, daß die Möglichkeit, im Fall einer anderweitigen Vermietung als Wohnraum eine höhere Miete zu erzielen, keine angemessene wirtschaftliche Verwertung darstellt, die zur Kündigung berechtigen würde. Etwas anderes kann aber gelten, falls das Mietverhältnis gekündigt werden soll, um beim Verkauf der Wohnung einen höheren Verkaufserlös zu erzielen. Der Vermieter muß in diesem Fall jedoch darlegen und beweisen, daß er, falls er den höheren Verkaufserlös beim Verkauf der leeren Wohnung nicht erzielen kann, zumindest in wirtschaftliche Schwierigkeiten, wenn auch nicht in Existenznot gerät.

230 Gemäß § 564 b Abs. 2 Nr. 3 Satz 3 BGB kann der Vermieter sich nicht darauf berufen, daß die Mieträume im Zusammenhang mit einer beabsichtigten oder nach Überlassung an den Mieter erfolgten Begründung von Wohnungseigentum veräußern will. Hierdurch soll die Umgehung der Sperrfrist des § 564 b Abs. 2 Satz 2 BGB verhindert werden, indem nicht der Erwerber der umgewandelten Mietwohnung, sondern der bisherige Vermieter diese kündigt. Diese Regelung wurde ergänzt durch das „Gesetz zur Verbesserung der Rechtsstellung des Mieters bei Begründung von Wohnungseigentum an vermieteten Wohnungen" vom 20. 7. 1990, wonach auch der Erwerber einer umgewandelten Wohnung in Wohnungsmangelgebieten, die durch Rechtsverordnung festgelegt wurden, vor Ablauf von fünf Jahren nicht mit der Begründung kündigen kann, daß er berechtigte Interessen an der Beendigung des Mietverhältnisses in Form der angemessenen wirtschaftlichen Verwertung durch Veräußerung der Wohnung hat.

8.3.2.4 Kündigung von Nebenräumen

231 Durch das Gesetz zur Erleichterung des Wohnungsbaus im Planungs- und Baurecht sowie zur Änderung mietrechtlicher Vorschriften (Wohnungsbau-Erleichterungsgesetz) vom 17. 5. 1990 wurde, zunächst begrenzt bis zum 31. 5. 1995, um der hohen Nachfrage und dem zu geringen Angebot an Mietwohnungen zu begegnen, das Verfahren der Bauleitplanung und der Erteilung von Baugenehmigungen vereinfacht. Außerdem sollte vermietbarer Wohnraum durch Erleichterung der Kündigung einer Vermietung zugeführt werden und es Eigentümern erleichtert werden, nicht zum Wohnen bestimmte Räume zu Wohnräumen um-

oder auszubauen. Zu diesem letzteren Zweck wurde die Vorschrift des § 564 b Abs. 2 Nr. 4 BGB in das Gesetz eingefügt.

232 Hiernach ist es als ein berechtigtes Interesse des Vermieters an der Beendigung des Mietverhältnisses anzusehen, also als ein Grund zur ordentlichen Kündigung des Mietverhältnisses, wenn der Vermieter nicht zum Wohnen bestimmte Nebenräume eines Gebäudes in zulässiger Weise zu Wohnraum zum Zweck der Vermietung ausbauen will, die Kündigung auf diese Räume beschränkt und sie dem Mieter vor dem 1. Juni 1995 mitteilt. Der Mieter kann eine angemessene Herabsetzung des Mietzinses verlangen. Verzögert sich der Beginn der Ausbauarbeiten, kann der Mieter eine Verlängerung des Mietverhältnisses um einen entsprechenden Zeitraum verlangen. Voraussetzung dieses Kündigungsrechtes ist, daß die Kündigung auf Nebenräume, wie Speicher, Fahrradkeller, Trockenraum, beschränkt wird, also Räume, die nicht zum Wohnen bestimmt sind, deren bauliche Verwendung als Wohnraum aber zulässig ist. Das heißt, die öffentlich-rechtlichen Genehmigungen müssen zu erlangen sein. In der nach § 564 a BGB schriftlich erfolgenden Kündigung soll die Ausbauabsicht und die betroffenen Räume bezeichnet werden. Die Kündigungsfristen des § 565 BGB müssen eingehalten werden. Was die Herabsetzung des Mietzinses betrifft, so ist die Angemessenheit nach dem objektiven Nutzwert der Räume, dem Wertanteil der Nebenräume an der Gesamtwohnung, zu bestimmen.

8.4 Die Sozialklausel

233 Gemäß § 556 a BGB kann der Mieter der Kündigung eines Mietverhältnisses über Wohnraum widersprechen und vom Vermieter die Fortsetzung des Mietverhältnisses verlangen, wenn die vertragsmäßige Beendigung des Mietverhältnisses für ihn oder seine Familie eine Härte bedeuten würde. Bei befristeten Mietverhältnissen kann der Mieter unter den Voraussetzungen des § 556 a BGB die Fortsetzung des Mietverhältnisses verlangen, § 556 b BGB, unter weiteren bestimmten Voraussetzungen kann er nach § 556 c BGB die weitere Fortsetzung verlangen. Die sogenannte Sozialklausel der §§ 556 a–c BGB ist nur für Wohnraum und nur bei ordentlicher Kündigung anwendbar. Nach § 556 a Abs. 6 BGB muß der Kündigungswiderspruch schriftlich erfolgen und er muß dem Vermieter spätestens bis zwei Monate vor der Beendigung des Mietverhältnisses zugehen. Diese Widerspruchsfrist verlängert sich, wenn der Vermieter den Hinweis auf die Möglichkeit des Widerspruchs sowie auf die Form und die Frist des Widerspruchs in der Kündigung unterlassen hat, bis zum ersten Termin des Räumungsverfahrens. Begründet muß der Widerspruch nicht werden, Gründe können später vorgebracht werden. Voraussetzung für die Berücksichtigung des Widerspruchs ist, daß eine **nicht gerechtfertigte Härte** für den Mieter oder seine Familie in der vertragsmäßigen Beendigung des Mietverhältnisses liegt, wobei die berechtigten Interessen des Vermieters zu berücksichtigen sind. Fälle einer nicht gerechtfertigten Härte beim Mieter sind z. B.: Hohes Alter des Mieters, berufliche Gründe, z. B. Anfertigung einer Promotionsarbeit, erhebliche wirtschaftliche Aufwendungen des Mieters für die Mietwohnung, nach § 556 a Abs. 1 Satz 2 BGB auch, daß angemessener Ersatzwohnraum zu zumutbaren Bedingungen nicht beschafft werden kann.

Weitere Härtegründe sind:

Kinderreichtum des Mieters, eine fortgeschrittene Schwangerschaft, fehlende finanzielle Mittel des Mieters, wobei Wohngeldzahlungen zu berücksichtigen sind.

234 **Keine** nicht zu rechtfertigende Härte liegt vor: Allein wegen langer Mietdauer, allein der Grund eines Schulwechsels des Kindes des Mieters, wesentliches Einkommen des Mieters aus der Untervermietung der Wohnung.

Zu berücksichtigen sind die Interessen des Vermieters: Hier handelt es sich um das Interesse des Vermieters, das ihn zu der Kündigung bewogen hat.

235 Nach § 556 a Abs. 3 BGB ist es möglich, daß Mieter und Vermieter sich über die Fortsetzung des Mietverhältnisses einigen, soweit der Widerspruch des Mieters gerechtfertigt ist. Kommt eine Einigung nicht zustande, kann über die Fortsetzung des Mietverhältnisses durch Urteil im Rahmen des Räumungsprozesses entschieden werden. In Betracht kommt eine Fortsetzung des Mietverhältnisses auf bestimmte oder auf unbestimmte Zeit, soweit nicht ersichtlich ist, wann die Härtegründe entfallen. Die ordentliche Kündigung ist während der befristeten Fortsetzung des Mietverhältnisses aufgrund der Sozialklausel ausgeschlossen, nicht aber eine fristlose Kündigung unter den Voraussetzungen der §§ 553 ff. BGB. Ist eine unbefristete Fortsetzung vereinbart oder durch Urteil bestimmt worden, ist auch die ordentliche Kündigung nach § 564 b BGB möglich. Hierbei sind aber die Gründe, die zu der ursprünglichen Entscheidung geführt haben, weiter zu berücksichtigen, § 565 c Abs. 2 BGB. Falls dem Vermieter es nicht anders zuzumuten ist, kann der Mieter die

Fortsetzung des Mietverhältnisses nur unter einer Änderung der Vertragsbedingungen verlangen, § 565 a Abs. 2 Satz 2 BGB.

236 Bei der Fortsetzung befristeter Mietverhältnisse nach § 556 b BGB wird § 556 a BGB sinngemäß angewendet. Härtegründe beim Mieter sind nicht zu berücksichtigen, wenn die Umstände, die das Interesse des Vermieters an der Rückgabe der Räume begründen, dem Mieter bei Vertragsabschluß bekannt waren. Eine weitere Fortsetzung des Mietverhältnisses nach § 556 c BGB kommt nur bei einer wesentlichen Änderung von Umständen, die für die erste Verlängerung maßgeblich waren, in Betracht. Dies gilt z. B. dann, wenn das Mietverhältnis wegen einer schweren Erkrankung des Mieters auf bestimmte Zeit verlängert worden ist und nach Ablauf der Verlängerungszeit wider Erwarten der Mieter nicht genesen ist.

8.5 Kündigung bei besonderen Mietverhältnissen

8.5.1 Befristete Mietverhältnisse

237 Die Fortsetzung befristeter Mietverhältnisse ist in § 564 c BGB geregelt. Befristete Mietverhältnisse, die nicht unter den besonderen Bedingungen des § 564 c Abs. 2 BGB abgeschlossen sind, endigen nach § 564 c Abs. 1 BGB, ohne daß es einer Erklärung durch den Vermieter oder den Mieter bedarf. Der Mieter kann jedoch spätestens zwei Monate vor der Beendigung des Mietverhältnisses durch schriftliche Erklärung gegenüber dem Vermieter die Fortsetzung des Mietverhältnisses auf unbestimmte Zeit verlangen, wenn nicht der Vermieter einen Kündigungsgrund im Sinne des § 546 b BGB hat.

238 Beim **besonderen Zeitmietvertrag** nach § 564 c Abs. 2 BGB kann der Mieter keine Fortsetzung des Mietverhältnisses nach § 564 c Abs. 1 oder nach der Sozialklausel des § 556 a BGB verlangen, wenn

1. das Mietverhältnis für nicht mehr als fünf Jahre eingegangen ist,
2. der Vermieter die Räume als Wohnung für sich, die zu seinem Hausstand gehörenden Personen oder seine Familienangehörigen nutzen will oder in zulässiger Weise die Räume beseitigen oder so wesentlich verändern oder instandsetzen will, daß die Maßnahmen durch eine Fortsetzung des Mietverhältnisses erheblich erschwert würden, er also eine wirtschaftliche Verwertung im Sinne des § 564 b Abs. 2 Nr. 3 BGB plant.

Weiter muß der Vermieter dem Mieter diese Verwendungsabsicht, also Eigenbedarf oder Beseitigung oder Umgestaltung der Mieträume bei Vertragsschluß schriftlich mitteilen und drei Monate vor Ablauf der Mietzeit erneut schriftlich mitteilen, daß die Verwendungsabsicht noch besteht. Verzögert sich die vom Vermieter beabsichtigte Verwendung ohne dessen Verschulden, kann der Mieter eine Verlängerung des Mietverhältnisses um einen entsprechenden Zeitraum verlangen.

8.5.2 Wohnraum zu vorübergehendem Gebrauch

239 Für Wohnraum, der zu nur vorübergehendem Gebrauch vermietet worden ist, gilt nach § 556 a Abs. 8 BGB weder die Sozialklausel, noch gelten die Vorschriften über die Notwendigkeit eines berechtigten Interesses des Vermieters an der Beendigung des Mietverhältnisses nach § 564 b BGB, § 564 b Abs. 7 BGB. Eine Vermietung zu vorübergehendem Gebrauch bedeutet, daß bei Abschluß des Mietvertrages von vorne herein für eine kürzere, absehbare Zeit vermietet sein muß, z. B. an einen Studenten, während eines Teiles des Studiums, z. B. eines Semesters, oder während einer zeitlich genau umgrenzten Abwesenheit des Vermieters. Der Zeitraum der Vermietung zu vorübergehendem Gebrauch ist zwar nicht begrenzt, es kann sich auch um einen mehrjährigen Zeitraum handeln, jedoch ist die Vorschrift einschränkend auszulegen. Im Zweifel kann nicht von einer Vermietung zu vorübergehendem Gebrauch ausgegangen werden.

8.5.3 Einliegerwohnraum

240 Unter Einliegerwohnraum versteht man Wohnraum, der Teil der vom Vermieter selbst bewohnten Wohnung ist und den der Vermieter ganz ober überwiegend mit Einrichtungsgegenständen auszustatten hat. Nicht kommt es hier darauf an, ob die Möblierung durch den Vermieter tatsächlich durchgeführt worden ist. Es kommt darauf an, was im Mietvertrag vereinbart worden ist. Für diese Art von Wohnraum ist die Sozialklausel des § 556 a BGB nach § 556 a Abs. 8 in Verbindung mit § 565 Abs. 3 BGB nicht anwendbar. Außerdem gilt nach § 564 b Abs. 7 Nr. 2 BGB die Vorschrift des § 564 b BGB über das berechtigte Interesse des Vermieters an der Kündigung nicht für diesen Wohnraum. Der Vermieter kann also ohne die Darlegung und den Nachweis eines berechtigten Interesses kündigen. Darüber hinaus ist nach § 565 Abs. 3 BGB die gesetzliche Kündigungsfrist verkürzt. Wenn der Mietzins nach Monaten oder längeren Zeitabschnitten bemessen ist, kann das Mietverhältnis über

Einliegerwohnraum spätestens am 15. eines Monats für den Ablauf dieses Monats gekündigt werden. Etwas anderes gilt, wenn der Einliegerwohnraum zum dauernden Gebrauch für eine Familie überlassen ist. In diesem Fall wird dieser Wohnraum wie jeder andere Wohnraum behandelt, es gilt also sowohl die Sozialklausel als auch die Kündigungsschutzbestimmung des § 564 b BGB und die üblichen gesetzlichen Kündigungsfristen nach § 565 Abs. 2 BGB. Bei einer Familie kann es sich auch um ein kinderloses Ehepaar handeln. Der dauernde Gebrauch für eine Familie muß jedoch dem Vertrag entsprechen.

8.5.4 Wohnraum im vom Vermieter bewohnten Wohngebäude

241 Nach § 564 b Abs. 4 BGB in Fassung des Wohnungsbau-Erleichterungsgesetzes vom 17. 5. 1990 kann der Vermieter ein Mietverhältnis über eine Wohnung in einem vom Vermieter selbst bewohnten Wohngebäude mit entweder nicht mehr als zwei Wohnungen oder mit drei Wohnungen, wenn mindestens eine der Wohnungen durch Ausbau oder Erweiterung eines vom Vermieter selbst bewohnten Wohngebäudes nach dem 31. Mai 1990 und vor dem 1. Juni 1995 fertiggestellt worden ist, kündigen, auch wenn ein berechtigtes Kündigungsinteresse im Sinne des § 564 b Abs. 1 BGB nicht gegeben ist. Hier handelt es sich um eine erleichterte Kündigungsmöglichkeit für Wohnungen, in deren unmittelbarer Nähe der Vermieter selbst wohnt. Die außer der Wohnung des Vermieters weiter vorhandenen entweder eine oder zwei Wohnungen müssen so gestaltet sein, daß in ihnen ein abgeschlossener Haushalt geführt werden kann. Der Mieter darf nicht den abgeschlossenen Wohnbereich des Vermieters in Anspruch nehmen müssen. Es muß sich in jedem Fall um Wohnungen handeln, § 564 b Abs. 4 ist auch dann nicht anwendbar, wenn sich in dem Gebäude neben der Wohnung des Vermieters eine weitere Wohnung und daneben gewerblich genutzte Räume befinden. Hinsichtlich des Zeitpunkts, zu dem sich in dem Gebäude entweder nicht mehr als zwei Wohnungen oder drei Wohnungen, von denen eine der Vermieter bewohnt, befinden dürfen, kommt es auf den Zeitpunkt der Begründung des Mietverhältnisses an. Eine Ausnahme gilt nach § 564 b Abs. 4 Satz 1 Nr. 2 BGB insoweit, als hierdurch dem Vermieter die Möglichkeit gegeben werden soll, ohne den Verlust der erleichterten Kündigungsmöglichkeit für Zweifamilienhäuser eine dritte Wohnung auszubauen. Diese Wohnung muß nach dem 31. 5. 1990 und vor dem 1. 6. 1995 im Sinne der Bezugsfertigkeit fertiggestellt worden sein. Es kann sich aber auch um ein Einfamilienhaus handeln, das um zwei Wohnungen erweitert wird. Immer muß es sich jedoch um einen

Ausbau oder eine Erweiterung handeln, nicht etwa eine Teilung einer vorhandenen Wohnung. § 564 b Abs. 4 Satz 1 Nr. 1 BGB ist auch anwendbar, wenn der Vermieter die eine der beiden Wohnungen in dem Wohnhaus beim Abschluß des zu kündigenden Mietvertrages mit einem Mieter noch nicht bewohnt hat, sondern diese erst später bezogen hat. Im Falle des Wohngebäudes mit drei Wohnungen muß der Vermieter beim Abschluß eines Mietvertrages nach Fertigstellung der dritten Wohnung den Mieter auf die erleichterte Kündigungsmöglichkeit für diese Wohnung hinweisen, um von der Kündigungsmöglichkeit Gebrauch machen zu können.

Hinsichtlich der Kündigung gilt folgendes: **242**

Die Kündigungsfrist nach § 565 Abs. 2 BGB verlängert sich um drei Monate. Dies gilt auch für Wohnraum im Sinne des § 564 b Abs. 7 Nr. 2 BGB, also Einliegerwohnraum, der nicht von vornherein von der Anwendung der Vorschrift des § 564 b BGB ausgenommen ist, das heißt, der zum dauernden Gebrauch für eine Familie überlassen worden ist. Nur Einliegerwohnraum, der nicht zum dauernden Gebrauch für eine Familie überlassen ist, ist völlig von der Anwendung der Vorschrift des § 564 b BGB ausgenommen, ein berechtigtes Kündigungsinteresse ist also nicht erforderlich. In dem Kündigungsschreiben nach § 564 a BGB ist anzugeben, daß die Kündigung nicht auf das Vorliegen eines berechtigten Interesses gestützt wird.

8.5.5 Studenten- oder Jugendwohnheim

243 Kein berechtigtes Kündigungsinteresse im Sinne des § 564 b Abs. 1 und Abs. 2 BGB ist erforderlich, soweit es sich um Wohnraum handelt, der Teil eines Studenten- oder Jugendwohnheimes ist. Durch diese Vorschrift soll eine bessere Ausnutzung von Studentenwohnheimen gewährleistet werden. Ein Studenten- oder Jugendwohnheim liegt nur dann vor, wenn von vornherein erkennbar ist, daß das Gebäude dazu dient, Studenten mit preisgünstigem Wohnraum zu versorgen. Ein Anwesen, das Mietwohnungen enthält, wird nicht allein schon dadurch zum Studentenwohnheim, daß es überwiegend von Studenten bewohnt wird.

8.5.6 Wohnraum in Ferienhäusern

244 Durch das Wohnungsbauerleichterungsgesetz wurde an § 564 b Abs. 7 BGB eine Nummer 4 angefügt, wonach die Vorschriften über ein berechtigtes Kündigungsinteresse im Sinne des § 564 b Abs. 1 und 2

BGB nicht gelten bei Mietverhältnissen über Wohnraum in Ferienhäusern und Ferienwohnungen in Ferienhausgebieten, die vor dem 1. Juni 1995 dem Mieter überlassen worden sind, wenn der Vermieter den Mieter bei Vertragsschluß auf die Zweckbestimmung dieses Wohnraums und die Ausnahme von den Absätzen 1 bis 6 des § 564 b hingewiesen hat. Die Vorschrift soll eine erleichterte Nutzung von Ferienhäusern als Wohnraum ermöglichen, das heißt, dem Vermieter die Wiedererlangung nach dem Ablauf der vertraglichen Mietzeit erleichtern. Bei Ferienhäusern handle es sich um Häuser, die auf Grund ihrer Lage, Größe, Ausstattung, Erschließung und Versorgung für den Erholungsaufenthalt geeignet und dazu bestimmt sind, überwiegend und auf Dauer einem wechselnden Personenkreis zur Erholung zu dienen. Diese Definition ergibt sich aus § 10 Abs. 4 der Baunutzungsverordnung. Der Mieter kann sich weder darauf berufen, daß bei einer Kündigung ein berechtigtes Kündigungsinteresse erforderlich ist, noch kann er sich gemäß dem ebenfalls neu eingefügten § 556 a Abs. 8 BGB auf die Sozialklausel berufen. Weiter kann er nach § 721 Abs. 7 und 794 a Abs. 5 der ZPO auch keine Räumungsfrist beanspruchen.

8.5.7 Von juristischen Personen des öffentlichen Rechts angemieteter Wohnraum

245 Als weitere Vorschrift wurde durch das Wohnungsbauerleichterungsgesetz an § 564 b Abs. 7 Nr. 1 bis 4 folgende Nr. 5 angefügt: Die Vorschriften der §§ 564 b Abs. 1 bis 6 gelten nicht für Mietverhältnisse über Wohnraum, den eine juristische Person des öffentlichen Rechts im Rahmen der ihr durch Gesetz zugewiesenen Aufgaben angemietet hat, um ihn Personen mit dringendem Wohnungsbedarf oder in Ausbildung befindlichen Personen zu überlassen, wenn sie den Wohnraum dem Mieter vor dem 1. Juni 1995 überlassen und ihn bei Vertragsschluß auf die Zweckbestimmung dieses Wohnraums und die Ausnahme von den Absätzen 1 bis 6 des § 564 b hingewiesen hat. Hier sollen Wohnungen vom Kündigungsschutz des § 564 b BGB ausgenommen werden, die zum Beispiel Gemeinden, Landkreise oder Studentenwerke angemietet haben, um sie zum Beispiel zur Unterbringung von Aus- oder Übersiedlern oder sozial Schwachen weiter zu vermieten. Auch hier soll durch die Vorschrift der Mieterwechsel erleichtert werden. Der Wohnraum muß vor dem 1. 6. 1995 überlassen worden sein, der Mieter muß bei Vertragsabschluß auf die Zweckbestimmung hingewiesen worden sein. Auch hier ist die Anwendung der Sozialklausel ausgeschlossen, § 556 a Abs. 8 BGB.

9 Mietrechtssonderregelungen in den neuen Bundesländern

9.1 Regelungen für Mietzins und Mieterhöhung

Grundsätzlich ist in den neuen Bundesländern auf bestehende und auf neu begründete Mietverhältnisse das BGB anzuwenden, Art. 230 II EGBGB. Lediglich dann, wenn mietrechtliche Sachverhalte vor dem 3. 10. 1990 abgeschlossen worden sind, werden sie nach altem Recht, also dem ZGB der ehemaligen DDR beurteilt. **246**

9.1.1 Mietzins und Mietzinserhöhung bei Wohnraummietverhältnissen

Speziell die Höhe des Mietzinses und die Mietzinserhöhung für Wohnraum auf dem Gebiet der neuen Bundesländer betreffend, wurde durch den Einigungsvertrag, Kapitel XIV Abschnitt II Ziffer 7, dem Miethöhegesetz ein zusätzlicher § 11 MHG angefügt. **247**

9.1.1.1 Uneingeschränkte Geltung des MHG für neue Wohnungen

§ 11 Abs. 1 MHG bestimmt die Geltung des MHG im Beitrittsgebiet ohne Einschränkung, d. h. ohne Anwendung irgendwelcher früherer oder neu eingeführter Preisvorschriften, für den in § 11 Abs. 1 Satz 1 genannten Wohnraum. **248**

Nach § 11 Abs. 1 Satz 1 Nr. 1 MHG ist dies zunächst Wohnraum, der nicht mit Mitteln aus öffentlichen Haushalten gefördert wurde und nach dem 2. 10. 1990 in neu errichteten Gebäuden fertiggestellt wurde. Fertigstellung heißt bauliche Fertigstellung des Wohnraumes. Der teilweise gleichgesetzte Begriff „Bezugsfertigkeit" kann nichts anderes besagen. Ein tatsächlicher Bezug vor Fertigstellung kann nämlich nicht zur Anwendung des § 11 Abs. 1 Satz 1 Nr. 1 MHG führen.

Nach § 11 Abs. 1 Satz 1 Nr. 2 MHG gilt das MHG im Beitrittsgebiet weiter für Wohnraum, der aus Räumen wiederhergestellt wurde, die auf Dauer zu Wohnzwecken nicht mehr benutzbar waren, oder aus Räumen geschaffen wurden, die nach ihrer baulichen Anlage und Ausstattung anderen als Wohnzwecken dienten. Die Unbenutzbarkeit als Wohnraum muß am 2. 10. 1991 vorgelegen haben. Es genügt nicht, wenn sie – etwa durch Nichtdurchführung notwendiger Arbeiten – erst später eingetreten ist und der Vermieter dann, um die Preisfreiheit, also die Anwendung des

MHG zu erreichen, sie wiederhergestellt hat. Der Begriff der Benutzbarkeit ist objektiv zu bestimmen. Nicht kommt es darauf an, ob vertraglich eine Vermietung zu Wohnzwecken vorliegt oder ob die Räume leerstehen. Es sind also nicht nur deshalb Räume zu Wohnzwecken benutzbar, weil sie zu solchen Zwecken vermietet worden sind und es sind nicht Wohnräume zu diesem Zweck deshalb unbenutzbar, weil sie leerstehen.

249 Räume, die vor dem 2. 10. 1990 anderen als Wohnzwecken dienten, müssen, um unter die Geltung des MHG zu fallen, nach diesem Tag zu Wohnraum umgestaltet worden sein. Nach dem Gesetz kann allein eine Änderung der Zweckbestimmung (z. B. von Hotel, Büro, Lagerraum zu Wohnraum) nicht genügen. Die Umgestaltung muß die bauliche Anlage und/oder die Ausstattung der Räume betreffen.

9.1.1.2 Eingeschränkte Anwendbarkeit des MHG auf Altbestand – Erhöhung der Grundmiete

250 Für den am 2. 10. 1991 auf dem Gebiet der ehemaligen DDR vorhandenen Wohnungsbestand gilt § 1 Satz 1 MHG, also das Verbot der Kündigung zum Zweck der Mieterhöhung, und § 11 Abs. 2 bis 7 MHG. Außerdem gelten für diesen Wohnraum bis zum 31. 12. 1991 die im Beitrittsgebiet bestehenden Preisvorschriften für Wohnraum gemäß der Verordnung vom 25. 6. 1990 fort. Hierbei handelt es sich insbesondere um die Preisanordnung Nr. 415 vom 6. 5. 1955 und die Verordnung vom 10. 5. 1972, geändert durch die Verordnung vom 19. 11. 1981.

Der sich aus der bisherigen Preisbindung ergebende Mietzins für den Wohnungsaltbestand des Beitrittsgebiets gilt fort, soweit er niedriger als der nach der Ersten Grundmietenverordnung vom 17. 6. 1991 zulässige Mietzins ist. Die Erste Grundmietenverordnung, als über die bisherigen nach der Preisverordnung vom 25. 6. 1990 geltenden Preisregelungen hinausgehende Preisvorschrift, beruht auf § 11 Abs. 3 Nr. 1 MHG. Hiernach wurde die Bundesregierung ermächtigt, durch Rechtsverordnung mit Zustimmung des Bundesrats den höchstzulässigen Mietzins unter Berücksichtigung der Einkommensentwicklung schrittweise bis zur Vergleichsmiete nach § 2 MHG zu erhöhen. Von dieser Ermächtigung hat die Bundesregierung durch die Erste Grundmietenverordnung vom 17. 6. 1991 Gebrauch gemacht. Die Verordnung ist nicht anzuwenden, wenn eine Erhöhung durch Vereinbarung ausgeschlossen ist oder der Ausschluß sich aus den Umständen ergibt, §§ 11 Abs. 2, 4, 1 Satz 3 MHG.

Die **„Erste Verordnung über die Erhöhung der Grundmiete"** (Erste Grundmietenverordnung) vom 17. 6. 1991 beinhaltet in § 1 folgendes: **251**

Der höchstzulässige Mietzins, der sich am 2. 10. 1990 für Wohnraum im Beitrittsgebiet aus Rechtsvorschriften ergab, also der zu diesem Zeitpunkt aufgrund der geltenden Preisvorschriften verlangte Mietzins, wird zum 1. 10. 1991 um 1,00 DM je Quadratmeter Wohnfläche monatlich erhöht. Als Wohnfläche ist zugrundezulegen die sich nach den §§ 42 bis 44 der Zweiten Berechnungsverordnung ergebende Wohnfläche. Liegt die sich so ergebende Wohnfläche noch nicht vor, kann die bisher bekannte Wohnfläche zugrundegelegt werden und nach Feststellung nach der Zweiten Berechnungsverordnung von beiden Vertragsparteien eine Neuberechnung der Grundmietenerhöhung verlangt werden. Dies muß auch rückwirkend möglich sein.

§ 1 Abs. 2 der Ersten Grundmietenverordnung regelt ausgehend von der regulären Grundmietenerhöhung von 1,00 DM zu berechnende Zuschläge und Abschläge. Zur Grundmietenerhöhung kommt ein Komfortzuschlag von 0,15 DM pro qm Wohnfläche im Monat für Wohnungen, die am 2. 10. 1990 mit Bad oder Zentralheizung ausgestattet waren. **252**

Zum Begriff der „Zentralheizung" ist es fraglich, ob hier auch eine Etagenheizung mit umfaßt ist. Nach üblichem Verständnis wird man dies verneinen müssen. Weiter kommt ein Gemeindegrößenzuschlag von 0,15 DM bei Wohnungen in Gemeinden mit mehr als 100000 Einwohnern hinzu. Komfortzuschlag und Gemeindegrößenzuschlag können kumulativ vorliegen, womit in einem derartigen Fall der Erhöhungsbetrag sich auf 1,30 DM beläuft. Keine Kumulation tritt jedoch ein, wenn bei einer Wohnung Bad und Zentralheizung zusammentreffen. Hier verbleibt es also, falls nicht der Gemeindegrößenzuschlag hinzutritt, bei einem Gesamterhöhungsbetrag von 1,15 DM.

Der Erhöhungsbetrag verringert sich jeweils um 0,15 DM bei Wohnungen mit Außen-WC sowie Wohnungen, die nicht in sich abgeschlossen sind. Im ersteren Fall ist es unerheblich, von wievielen Mietparteien das Außen-WC benutzt wird. Bei Vorliegen der Voraussetzungen aller Abschläge und Nichtvorliegen von Zuschlägen beträgt der Erhöhungsbetrag 0,70 DM. **253**

Die Mieterhöhung um den durch die Erste Grundmietenverordnung bestimmten Erhöhungsbetrag erfolgt nicht im Zustimmungsverfahren, sondern durch einseitige Erhöhungserklärung nach § 11 Abs. 4 MHG. Der Vermieter muß schriftlich gegenüber dem Mieter erklären, daß der **254**

Mietzins um einen bestimmten Betrag, nämlich den zulässigen Erhöhungsbetrag erhöht werden soll. Das Erhöhungsschreiben muß daher folgenden Inhalt haben:

- die bisherige Miete,
- den Erhöhungsbetrag, berechnet pro qm Wohnfläche,
- die zugrundegelegte Wohnfläche
- die neue Miete,
- die Angabe etwaiger Zu- oder Abschläge.

255 Der erhöhte Mietzins ist dann vom Ersten des auf die Erklärung folgenden übernächsten Monats zu zahlen, also z. B. Erklärung am 10. 11. 1991, Eintritt der Mieterhöhung am 1. 1. 1992. Auch bei Neuabschluß eines Mietvertrages über eine Wohnung aus dem Altbestand im Beitrittsgebiet darf nach § 1 Abs. 3 der Ersten Grundmietenverordnung der höchstzulässige Mietzins nicht überschritten werden. Gemäß § 11 Abs. 6 MHG hat der Mieter im Falle einer Mieterhöhung auf den höchstzulässigen Mietzins ein dem § 9 MHG ähnliches Kündigungsrecht.

Gemäß § 11 Abs. 3 Nr. 4 MHG hätte die Bundesregierung die Möglichkeit gehabt, für das frühere Ost-Berlin oder einen Teil davon Sonderregelungen vorzusehen, dies ist in der Ersten Grundmietenverordnung jedoch nicht geschehen.

9.1.1.3 Mieterhöhung nach § 3 MHG nach Modernisierung

256 Wie das gesamte MHG gilt auch § 3 für nach dem 2. 10. 1990 fertiggestellte und nicht mit öffentlichen Mitteln geförderte Wohnungen uneingeschränkt (oben Rz. 248). Die Mieterhöhung nach § 3 MHG ist als einzige Mieterhöhungsmöglichkeit nach dem MHG aber auch für den preisgebundenen Wohnungsaltbestand der neuen Bundesländer uneingeschränkt möglich, nach § 11 Abs. 2 Satz 2 MHG sogar auf vor dem Wirksamwerden des Beitritts begonnene, aber noch nicht beendete bauliche Maßnahmen. § 3 Abs. 2 MHG kann auf diese Modernisierungsmaßnahmen natürlich nicht angewendet werden.

Auch für Wohnungen im Beitrittsgebiet gilt, daß der Mieterhöhung nach § 3 MHG die Duldungserklärung nach § 541 b BGB vorausgehen muß (oben Rz. 136-142). Besondere Bedeutung kommt hier angesichts der ungünstigen Einkommensverhältnisse in den neuen Bundesländern der Härteklausel nach § 541 b Abs. 1 BGB zu, wonach unter anderem der

Mieter eine Modernisierungsmaßnahme, die zu einer für ihn nicht mehr tragbaren Miete führen würde, nicht zu dulden hat (oben Rz. 140). Zwar sollen untragbare Mieten durch Wohngeldmaßnahmen im Beitrittsgebiet ausgeglichen werden, doch muß sich der durch Modernisierung betroffene Mieter bei der Prüfung, ob die zu erwartende Miete für ihn untragbar ist, seinen Wohngeldanspruch anrechnen lassen.

257 Zu beachten ist weiter, daß nach § 541 b BGB die zu erwartende Mieterhöhung nicht zu berücksichtigen ist, wenn die Räume durch die Maßnahme lediglich in einen „allgemein üblichen Zustand" versetzt werden. Als „allgemein üblich" ist der Zustand anzusehen, in dem sich die weit überwiegende Mehrheit der im Geltungsbereich des Gesetzes befindlichen Mietwohnungen befindet, nach der Rechtsprechung ist dies bei einem gleichartigen Zustand von mindestens 90 % der Wohnungen der Fall. Selbst bei niedrig angesetzten Voraussetzungen für die Annahme des „allgemein üblichen Zustandes" (oben Rz. 141), wird man angesichts der Unterschiede im Wohnungsstandard zwischen den alten und den neuen Bundesländern bei der Feststellung des „allgemein üblichen Zustandes" zwischen den alten Bundesländern und dem Beitrittsgebiet differenzieren müssen.

258 Gemäß § 11 Abs. 7 MHG können über § 3 MHG hinaus bis zum 1. 1. 1996 auch bei erheblichen Instandsetzungsmaßnahmen an Wohnraum im Beitrittsgebiet in einem bestimmten Umfang die aufgewendeten Kosten auf den Mieter umgelegt werden. Dies war und ist nach der Rechtsprechung in den alten Bundesländern zu § 3 MHG grundsätzlich nicht möglich, Instandsetzungskosten sind im Gegenteil von den Kosten einer Modernisierungsmaßnahme abzusetzen. Festzustellen ist jedoch, daß die Bundesregierung von der Möglichkeit, nach § 11 Abs. 7 MHG eine Rechtsverordnung über die Umlage von Instandsetzungskosten zu erlassen, bisher nicht Gebrauch gemacht hat, so daß derzeit im Beitrittsgebiet hinsichtlich der Instandsetzungskosten nichts anderes als in den alten Bundesländern gilt, daß nämlich Instandsetzungskosten von den umlagefähigen Modernisierungskosten abzusetzen sind.

9.1.1.4 Vereinbarung einer Staffelmiete, § 11 Abs. 3 Nr. 3 MHG

259 Die Vereinbarung einer Staffelmiete für den preisgebundenen Altwohnungsbestand der neuen Bundesländer ist derzeit nicht zulässig. Gemäß § 11 Abs. 3 Nr. 3 MHG bedürfte es einer diesbezüglichen Rechtsverordnung der Bundesregierung, die bis jetzt nicht erlassen worden ist. Die Verordnung vom 17. 6. 1991 bezieht sich nur auf die Erhöhung der

Grundmiete. Darüberhinaus bestimmt § 11 Abs. 3 Nr. 3 MHG, daß vor dem 1. 1. 1993 die Vereinbarung einer Staffelmiete überhaupt nicht zulässig ist.

9.1.2 Regelungen für die Umlage von Betriebskosten bei Wohnraummietverhältnissen

9.1.2.1 Betriebskosten bei neuen Wohnungen

260 Bei Wohnraum, der nicht mit Mitteln aus öffentlichen Haushalten gefördert wurde und nach dem 2. 10. 1990 in neu errichteten Gebäuden fertiggestellt wurde, gelten nach § 11 Abs. 1 MHG im Beitrittsgebiet die Vorschriften des MHG ohne Einschränkung, d. h. auch § 4 MHG über die Erhöhung und Ermäßigung von Betriebskosten. Die Umlage von Betriebskosten auf den Mieter kann daher – soweit die Kosten für Heizung und Warmwasser betroffen sind, nach Maßgabe der Heizkostenverordnung (HeizkostenV) – frei vereinbart werden, im übrigen gilt § 4 MHG unmittelbar.

261 Hinsichtlich der Anwendung der HeizkostenV ist jedoch zu beachten, daß in der Anlage I, Kapitel V Sachgebiet D Abschnitt III Nr. 10 des Einigungsvertrages Übergangsregelungen getroffen worden sind. Es gilt, daß Räume, die vor dem 1. 1. 1991 bezugsfertig geworden sind und in denen, was die Regel sein dürfte, die nach der HeizkostenV erforderliche Ausstattung zur Verbrauchserfassung noch nicht vorhanden ist, bis spätestens zum 31. 12. 1995 damit auszustatten sind. Nach § 5 der HeizkostenV dürfen nur Ausstattungen zur Verbrauchserfassung verwendet werden, hinsichtlich derer sachverständige Stellen bestätigt haben, daß sie den anerkannten Regeln der Technik entsprechen. Sachverständige Stellen sind nur solche, deren Eignung die nach Landesrecht zuständige Stelle bestätigt hat. Solange Behörden des Beitrittsgebiets die Eignung sachverständiger Stellen nicht bestätigt haben, kann auch eine sachverständige Stelle aus den alten Bundesländern die Bestätigung hinsichtlich der Ausstattungen zur Verbrauchserfassung erteilen. Zu beachten ist weiter, daß als Heizwerte der verbrauchten Brennstoffe – dieser Wert ist zur Ermittlung des Brennstoffverbrauchs der zentralen Warmwasserversorgungsanlage nach § 9 Abs. 2 HeizkostenV festzustellen – nach § 9 Abs. 2 Ziff. 3 HeizkostenV auch Braunkohlenbriketts mit 5,5 kWh/kg und Braunkohlenhochtemperaturkoks mit 8,0 kWh/kg verwendet werden können. Durch diese Regelung soll der Bedeutung der Verwertung der Braunkohle auf dem Gebiet der neuen Bundesländer Rechnung getragen werden.

9.1.2.2 Betriebskosten bei Wohnungen des Altbestandes

262 Gemäß § 11 Abs. 3 Nr. 2 MHG wurde die Bundesregierung ermächtigt, durch Rechtsverordnung zu bestimmen, daß die Betriebskosten oder Teile davon nach § 4 MHG anteilig auf die Mieter umgelegt werden dürfen. Dies gilt für bei Wirksamwerden des Beitritts der neuen Bundesländer preisgebundene Wohnungen, also den gesamten Altbestand der neuen Bundesländer. Durch die **„Verordnung über die Umlage von Betriebskosten auf die Mieter“** (BetrKostUV) vom 17. 6. 1991 hat die Bundesregierung von dieser Möglichkeit Gebrauch gemacht.

263 Ab dem 1. Oktober 1991 kann der Vermieter alle Betriebskosten, die in der Anlage zur BetrKostUV enthalten sind (§ 1 Abs. 4 BetrKostUV), auf die Mieter umlegen, § 11 Abs. 1 BetrKostUV. Die Umlage erfolgt durch einseitige Erklärung des Vermieters nach einem mit allen Mietern vereinbarten Maßstab. Soweit eine – einstimmig erforderliche – Einigung über den Umlegungsmaßstab zwischen Vermieter und Mietern nicht getroffen worden ist, kann der Vermieter einseitig nach Maßgabe der §§ 3 bis 9 BetrKostUV den Umlegungsmaßstab bestimmen. Die Umlegung der Betriebskosten auf den Mieter hat nach § 1 Abs. 3 BetrKostUV vertragsändernde Wirkung, d. h., vor dem Inkrafttreten bestehende Mietverträge, die eine Erhebung von Betriebskosten ganz oder teilweise nicht vorsahen, werden durch die Erklärung des Vermieters über die Betriebskostenumlage geändert.

264 Auch hier gilt, wie bei der Grundmietenerhöhung, daß als Wohnfläche, falls die Umlage der Betriebskosten auf der Grundlage der Wohnfläche erklärt wird, diese nach den §§ 42 bis 44 der Zweiten Berechnungsverordnung zu berechnen ist (oben Rz. 251). Falls eine Wohnflächenberechnung nach diesen Vorschriften nicht vorliegt, kann (von den Mietern) verlangt werden, daß nach Vorliegen der Berechnung ab der nächstfolgenden Betriebskostenabrechnung diese aufgrund der Wohnflächenberechnung vorgenommen wird, § 1 Abs. 3 a BetrKostUV. Werden Räume teilweise gewerblich genutzt oder befinden sich in einem Gebäude teils Wohnräume, teils Gewerberäume, so besteht eine Pflicht zur getrennten Vorerfassung der auf die unterschiedlich genutzten Räume entfallenden Betriebskosten, falls die Abrechnung sonst zu unbilligen Ergebnissen führen würde (z. B. bei hohem Heiz- oder Wasserverbrauch der Gewerbebetriebe). Ist die Vorerfassung nicht oder nur mit sehr hohen Kosten möglich, so ist eine Schätzung möglich.

265 Hinsichtlich der Umlegung der Betriebskosten gilt im einzelnen folgendes:

- Die Umlegung kann in Form eines im Mietzins enthaltenen Betrages erfolgen, der nicht gesondert ausgewiesen wird (hier kann eine Erhöhung der Betriebskosten nur im Rahmen einer Mieterhöhung vorgenommen werden),
- Die Umlegung kann in Form einer Betriebskostenpauschale erfolgen, über die nicht abgerechnet wird und deren Erhöhung vertraglich vorbehalten ist,
- Die Umlegung kann als nicht abrechenbare Pauschale ohne Erhöhungsmöglichkeit vorgenommen werden,
- Die Umlegung kann als Vorauszahlungsbetrag, über den nach Ablauf einer Abrechungsperiode abgerechnet wird, erfolgen. Wie die Umlegung vorgenommen wird, kann der Vermieter einseitig nach Maßgabe der §§ 3 bis 9 BetrKostUV bestimmen, eine Vereinbarung zwischen Vermieter und Mietern ist nur maßgeblich, wenn sie einstimmig zustandekommt, § 1 Abs. 2 BetrKostUV. Als Normalfall sieht die Verordnung die Erhebung von Vorauszahlungen, über die abgerechnet wird, vor.

Die Übergangsvorschrift des § 11 BetrKostUV sieht eine Rückwirkungsklausel vor, die § 4 Abs. 3 MHG entspricht und verweist hinsichtlich der Umlegung von Betriebskostenerhöhungen und Ermäßigungen auf § 4 Abs. 2 bis 4 MHG.

266 Die BetrKostUV enthält verschiedene **Sonderregelungen** zu einzelnen Betriebskostenarten:

- Bei den Kosten der Wasserversorgung und Entwässerung sind bei der Berechnung der Umlage zunächst die Kosten des Wasserverbrauchs abzuziehen, der nicht mit der üblichen Benutzung der Wohnungen zusammenhängt, § 3 BetrKostUV. Die verbleibenden Kosten dürfen nach dem Verhältnis der Wohnflächen, was zu empfehlen ist, oder nach einem Maßstab, der dem unterschiedlichen Wasserverbrauch Rechnung trägt, umgelegt werden.

267 – Für die Kosten der Heizung und Warmwasserversorgung gilt, daß die Kosten des Betriebs zentraler Heizanlagen sowie der eigenständig gewerblichen Lieferung von Wärme nach der Wohnfläche oder dem umbauten Raum insgesamt oder nur der beheizten Räume umzulegen sind. Der Betrieb von Einzelöfen wird von dieser Regelung nicht erfaßt.

Die Kosten der Warmwasserversorgung sind nach der Wohnfläche oder einem Maßstab, der dem Warmwasserverbrauch in sonstiger Weise Rechnung trägt, umzulegen, § 4 Abs. 1 BetrKostUV.

268 Soweit die Heizkostenverordnung anzuwenden ist, ist nur noch verbrauchsabhängig abzurechnen, § 4 Abs. 2 BetrKostUV. Hinsichtlich der Anwendung der Heizkostenverordnung wird auf Rz. 178–180 Bezug genommen. Es kommt also darauf an, inwieweit die Ausstattung zur Verbrauchserfassung vorhanden ist.

Zu beachten ist, daß die Kosten der Heizung und Warmwasserversorung nicht unbegrenzt umlagefäig sind. Es gilt nach § 4 Abs. 3 BetrKostUV eine Grenze von 3,00 DM je Quadratmeter Wohnfläche monatlich. Werden nur Heizkosten umgelegt, ist die Umlagegrenze 2,60 DM.

Zu beachten ist weiter, daß für bisher in der Miete enthaltene Kosten der Versorgung mit Wärme und Warmwasser, aber auch anderer Betriebskosten, Abzüge gemacht werden müssen, wenn nach dem 1. 10. 1991 die Betriebskosten nach der BetrKostUV umgelegt werden, § 10 BetrKostUV.

- Soweit Betriebskosten bisher im Mietzins gesondert ausgewiesen waren, ermäßigt sich der Mietzins ab der Umlegung nach der BetrKostUV um den ausgewiesenen Betrag.
- **269** Sind Betriebskosten nicht gesondert ausgewiesen worden, wurde also ein einheitlicher Mietzins erhoben, ermäßigt sich dieser ab der Umlegung nach der BetrKostUV
- um 0,40 DM je Quadratmeter Wohnfläche monatlich, wenn Kosten der Wärmeversorgung,
- um weitere 0,12 DM, wenn auch Kosten der Warmwasserversorgung nach der BetrKostUV umgelegt werden.

Der Mietzins ermäßigt sich jedoch höchstens um 50 % des am 2. 10. 1990 zulässigen Mietzinses, also des Mietzinses, der noch nicht die nach der Ersten Grundmietenverordnung zulässige Erhöhung beinhaltet. Der Mietzins ermäßigt sich weiter um weitere 10 % (ausschließlich der Kosten der Versorgung mit Wärme und Warmwasser, wenn andere

Betriebskosten als Wärme- und Warmwasserversorgung umgelegt werden.

270 **Beispiel:**

Der Mietzins beträgt 2,00 DM/qm Wohnfläche. Betriebskosten sind nicht gesondert ausgewiesen. Folgende Abzüge sind vor der Umlage nach der BetrKostUV zu machen, wenn sowohl Wärme- und Warmwasserkosten als auch andere Betriebskosten umgelegt werden sollen:

2,00 DM ./. 0,40 DM ./. 0,12 DM ./. 0,148 DM (10 % von 1,48 DM) = 1,33 DM Ausgangsmietzins.

- Die Kosten des Betriebs einer zentralen Brennstoffversorgungsanlage dürfen nur nach dem Brennstoffverbrauch umgelegt werden, § 5 BetrKostUV.
- Die Kosten des Betriebs eines Personen- oder Lastenaufzugs dürfen nach dem Verhältnis der Wohnfläche umgelegt werden, wobei Wohnraum im Erdgeschoß von der Umlegung ausgeschlossen werden kann, § 6 BetrKostUV.

271
- Die Kosten des Betriebs der mit einem Breitbandkabelnetz verbundenen privaten Verteilanlage dürfen nach dem Verhältnis der Wohnflächen umgelegt werden. Die laufenden monatlichen Grundgebühren für Breitbandanschlüsse dürfen demgegenüber nur zu gleichen Teilen auf die angeschlossenen Wohnungen umgelegt werden, § 7 BetrKostUV.
- Die Betriebs- und Instandhaltungskosten maschineller Wascheinrichtungen dürfen nur auf die Benutzer der Einrichtung umgelegt werden. Der Umlegungsmaßstab muß sich nach dem Gebrauch richten, § 8 BetrKostUV.
- Weitere nicht in den §§ 2 bis 8 BetrKostUV behandelte Betriebskosten sind nach § 9 BetrKostUV nach dem Verhältnis der Wohnflächen umzulegen.

Die Art der umlegbaren Betriebskosten entspricht mit kleineren Abweichungen, die sich aus der Anlage zu § 1 Abs. 4 BetrKostUV ergeben der Anlage 3 zu § 27 der II. Berechnungsverordnung (vgl. Rz. 165).

272 Falls nicht eine Mietzinserhöhung gemäß § 1 Satz 3 MHG durch Vereinbarung ausgeschlossen ist, findet die Betriebskostenerhöhung formell in der Weise statt, daß die Betriebskosten schriftlich um einen bestimm-

baren Betrag erhöht werden, § 11 Abs. 4 MHG. Die Erklärung muß enthalten

- die Angabe der bisherigen Miete,
- die Erläuterung der in der bisherigen Miete enthaltenen Betriebskosten, § 10 BetrKostUV,
- den Abzug des in der bisherigen Miete enthaltenen Betriebskostenbetrags,
- die neue Grundmiete,
- die Angabe, welche Betriebskosten umgelegt werden sollen,
- die Angabe eines bestimmbaren Betrages (Vorausszahlung),
- die Angabe des Umlegungsmaßstabes,
- die daraus folgende Berechnung des Anteils des Mieters.

9.1.3 Mietzins und Mietzinserhöhung bei Gewerberaummietverhältnissen

Bei Gewerberaummietverhältnissen konnten die Mieten bis zum 31. 12. 1990 nicht frei vereinbart werden. Dies ergibt sich aus der Anl. II Kap. V Sachgebiet A Kap.III, Nr. 1 a dd des Einigungsvertrages, wonach die Verordnung über die Aufhebung oder Beibehaltung von Rechtsvorschriften auf dem Gebiet der Preise vom 25. 6. 1990 mit der Maßgabe in Kraft bleibt, daß § 2 Abs. 1 dieser Verordnung im Bereich der Mieten und Pachten anzuwenden ist, soweit sie sich auf andere als Wohnräume beziehen. **273**

Diese Fortgeltung des Preisrechts war mit dem 31. 12. 1990 beendet. Seit diesem Zeitpunkt können die Gewerberaummieten für Gewerberaum auf dem Gebiet der neuen Bundesländer frei vereinbart werden.

9.2 Regelungen für die Kündigung von Mietverhältnissen

Der Einigungsvertrag enthält Übergangsbestimmungen, die Kündigung von Mietverhältnissen über Wohnraum und über Gewerberäume betreffend, die in Form von Änderungen des Einführungsgesetzes zum Bürgerlichen Gesetzbuch im Einigungsvertrag enthalten sind und zwar in Anlage I Kapitel III Sachgebiet B Abschnitt II Ziff. 1 Artikel 232 § 2. **274**

9.2.1 *Kündigung von Wohnraum*

9.2.1.1 Kündigung bei nach dem 3. 10. 1990 abgeschlossenen Mietverhältnissen

275 Für Mietverhältnisse, die nach dem Beitritt der Länder der ehemaligen DDR zur Bundesrepublik, also nach dem 3. 10. 1990 abgeschlossen worden sind, gelten ohne Einschränkung die Kündigungsvorschriften des BGB, für Wohnraummietverhältnisse also insbesondere § 564 b BGB.

9.2.1.2 Kündigung bei vor dem 3. 10. 1990 abgeschlossenen Mietverhältnissen

276 Hier ist die Möglichkeit der ordentlichen Kündigung mehrfach eingeschränkt. Eine fristlose Kündigung z. B. bei Vorliegen der Voraussetzungen des § 554 BGB oder § 553 BGB ist aber uneingeschränkt möglich.

- Eine ordentliche Kündigung wegen Hinderung der angemessenen wirtschaftlichen Verwertung des Grundstücks nach § 564 b Abs. 2 Nr. 3 BGB ist bei diesen Altmietverhältnissen vollständig ausgeschlossen.

- Eigenbedarfskündigungen nach § 564 b Abs. 2 Nr. 2 BGB können grundsätzlich erst nach dem 31. 12. 1992 ausgesprochen werden. Nach Art. 232 § 2 Abs. 3 Satz 2 EGBGB gilt dies jedoch dann nicht, wenn der Ausschluß des Kündigungsrechts für den Vermieter angesichts seines Wohnbedarfs und seiner sonstigen berechtigten Interessen eine Härte bedeuten würde, die auch unter Würdigung der Interessen des Mieters nicht zu rechtfertigen wäre. Hier handelt es sich der Vorschrift des § 556 a BGB ähnliche Härteklausel zugunsten des Vermieters. Eine solche Härte liegt vor allem vor, wenn der Vermieter einen erheblich dringenderen Wohnbedarf als der Mieter hat oder ihm die Räume durch Zwangsmaßnahmen der früheren Machthaber der ehemaligen DDR entzogen worden sind.

277 – Eine Kündigung von Mietverhältnissen nach § 564 b Abs. 4 Satz 1 BGB über Wohnraum im vom Vermieter bewohnten Wohngebäude ist vor dem 1. 1. 1993 ausgeschlossen. Hier ist auf die Erweiterung des § 564 b Abs. 4 Satz 1 BGB durch das Wohnungsbau-Erleichterungsgesetz vom 17. 5. 1990 hinzuweisen. Der Ausschluß der Kündigung vor dem 1. 1. 1993 gilt also nicht nur bei einem Mietverhältnis über eine Wohnung in einem vom Vermieter selbst bewohnten Wohngebäude mit nicht mehr als zwei Wohnungen, sondern auch mit drei Wohnungen, wenn mindestens eine der Wohnungen durch Ausbau oder Erweiterung eines vom Vermieter selbst bewohnten Wohngebäudes nach dem 31. 5. 1990 und vor dem 1. 6. 1995 fertiggestellt worden ist. Ist die dritte Wohnung nach dem 31. 5. 1990 fertiggestellt worden und ist der Mietvertrag nach diesem Zeitpunkt abgeschlossen worden – nach der Übergangsvorschrift also zwischen dem 31. 5. 1990 und dem 2. 10. 1990, darnach gilt Rz. 275 – ist gleichwohl die Sonderkündigungsmöglichkeit auch nach dem 1. 1. 1993 nur dann gegeben, wenn der Vermieter den Mieter bei Vertragsschluß auf diese Kündigungsmöglichkeit hingewiesen hat, was kaum je der Fall sein dürfte. Ein Mietverhältnis nach § 564 b Abs. 4 Satz 1 BGB kann der Vermieter nach der Übergangsvorschrift aber vor dem 1. 1. 1993 kündigen, wenn ihm die Fortsetzung des Mietverhältnisses wegen seines Wohn- oder Instandsetzungsbedarfs oder sonstiger Interessen nicht zugemutet werden kann. Es müssen also Eigenbedarf oder Bedarf für notwendige Instandsetzungen oder andere gleichwertige Interessen vorliegen.

9.2.2 Kündigung von Geschäftsräumen

9.2.2.1 Allgemeine Regelung

278 Nach Art. 232 § 2 Abs. 7 EGBGB gilt, daß sich bei Kündigungen gewerblicher Mietverhältnisse, die vor dem 1. 1. 1994 ausgesprochen werden, die Kündigungsfrist des § 565 Abs. 1 Nr. 3 BGB um drei Monate verlängert.

9.2.2.2 Härteklausel für den gewerblichen Mieter

279 Bei einer bis zum 31. 12. 1992 erklärten Kündigung eines Mietverhältnisses über Geschäftsräume sieht Art. 232 § 2 Abs. 5 EGB vor, daß der Mieter der Kündigung widersprechen und vom Vermieter eine Fortsetzung des Mietverhältnisses verlangen kann, wenn die Kündigung für ihn eine erhebliche Gefährdung seiner wirtschaftlichen Lebensgrundlage mit sich bringt.

Der Mieter kann der Kündigung dann nicht widersprechen, wenn

- ein Grund vorliegt, aus dem der Vermieter zur Kündigung ohne Einhaltung einer Kündigungsfrist berechtigt ist,
- der Vermieter bei anderweitiger Vermietung eine höhere als die bisherige Miete erzielen könnte, und der Mieter sich weigert, in eine angemessene Mieterhöhung von dem Zeitpunkt an einzuwilligen, zu dem die Kündigung wirksam war,

- der Mieter sich weigert, in eine Umlegung der Betriebskosten einzuwilligen,
- dem Vermieter die Fortsetzung des Mietverhältnisses aus anderen Gründen nicht zugemutet werden kann.

280 Einer begründeten fristlosen Kündigung kann also in keinem Fall widersprochen werden. Bei anderweitiger wirtschaftlicher Verwertung der Räume durch Vermietung zu höherem Mietzins kann nicht widersprochen werden, falls nicht der Mieter in eine „angemessene" Mieterhöhung einwilligt.

„Angemessen" im Sinne dieser Vorschrift ist die ortsübliche Geschäftsraummiete. Der Begriff der „Ortsüblichkeit" kann sinngemäß § 2 Abs. 1 Nr. 2 MHG mit der Maßgabe entnommen werden, daß ortsüblich die Miete vergleichbarer Geschäftsräume nach Wegfall der Preisbindung ist. Es muß sich also um die aktuelle am Markt zu erzielende Miete handeln.

Die Einschränkung, daß der Mieter die Widerspruchsmöglichkeit nicht hat, weil er sich weigert, in eine Umlegung der Betriebskosten einzuwilligen, bedeutet, daß eine Umlage der Betriebskosten bisher nicht erfolgt ist. Die Einschränkung gilt dann nicht, wenn bisher lediglich einzelne Betriebskosten nicht umgelegt wurden.

Andere Gründe, aus denen dem Vermieter eine Fortsetzung des Mietverhältnisses nicht zugemutet werden kann, müssen den im Gesetz aufgeführten an Gewicht entsprechen.

281 Gemäß Art. 232 § 2 Abs. 6 EGBGB werden bei einer bis zum 31.12.1992 erklärten Sonderkündigung nur die im Kündigungsschreiben angegebenen Gründe berücksichtigt, soweit sie nicht nachträglich entstanden sind. Nachdem die §§ 556 a Abs. 2, 3, 5 bis 7 und § 564 a Abs. 2 BGB entsprechend angewendet werden, ist das Widerspruchsrecht des gewerblichen Mieters von vor dem 3.10.1990 vermieteten Geschäftsräumen dem Widerspruchsrecht des Wohnraummieters nach bisher geltendem Recht weitgehend angenähert. Der Mieter muß der Kündigung unter anderem schriftlich widersprechen und die Fortsetzung des Mietverhältnisses verlangen. Der Widerspruch muß spätestens zwei Monate vor Beendigung des Mietverhältnisses dem Vermieter gegenüber erklärt werden.

10 Der Mietprozeß

10.1 Zuständiges Gericht im Mietprozeß

10.1.1 Sonderzuständiggkeit bei Wohnraummietverhältnissen

282 Nach § 29 a ZPO ist für Klagen auf Feststellung des Bestehens oder Nichtbestehens eines Mietvertrages oder Untermietvertrages über Wohnraum, also Feststellungsklagen nach § 256 ZPO, sowie Feststellung des Bestehens einzelner Rechte und Pflichten aus Mietverhältnissen, das Amtsgericht **ausschließlich** zuständig, in dessen Bezirk sich der Wohnraum befindet. Zur Frage, wann im Zweifel von einem Mietverhältnis über Wohnraum auszugehen ist, vgl. oben Rz. 18.

Dasselbe gilt für Klagen auf Erfüllung, auf Entschädigung wegen Nichterfüllung oder nicht gehöriger Erfüllung eines solchen Vertrages. Darunter fallen Klagen auf Zustimmung zur Mieterhöhung, da es sich hier um einen Erfüllungsanspruch handelt, Zahlungsklagen, ohne Rücksicht auf die Höhe des Streitwerts, und zwar auch dann, wenn die streitige Zahlung nicht die Erfüllung, sondern die Abwicklung des Mietverhältnisses betrifft, also z. B. Rückzahlung der Mietkaution. Erfüllungsklage ist z. B die Klage auf Zahlung rückständigen Mietzinses. Erfaßt werden weiter Klagen auf Schadensersatz wegen Nichterfüllung des Mietvertrages, z. B. wegen nicht durchgeführter Schönheitsreparaturen oder Schadensersatz wegen vorgetäuschten Eigenbedarfs.

283 Nach § 29 a Abs. 1 Satz 2 ZPO gilt die gleiche Zuständigkeit für Klagen auf Räumung des Wohnraums oder auf Fortsetzung des Mietverhältnisses nach §§ 556 a, 556 b BGB. Allgemein wird davon ausgegangen, daß auch die wiederholte Fortsetzungsklage nach § 556 c BGB unter § 29 a ZPO fällt. Nicht kommt es darauf an, auf welche Rechtsgrundlage der Räumungsanspruch gestützt wird, diese muß also nicht mietvertraglicher Art sein.

284 Als wichtige Ausnahme ist anzuführen, daß nach § 29 a Abs. 2 ZPO für Klagen betreffend Wohnraum der in § 564 b Abs. 1, 2, 4 und 5 BGB bezeichneten Art die Gerichtszuständigkeit des § 29 a ZPO nicht gilt. Hiervon betroffen ist Wohnraum, der zu nur vorübergehendem Gebrauch vermietet ist, Einliegerwohnraum der in § 564 b Abs. 7 Nr. 2 BGB bezeichneten Art, Wohnraum in Ferienhäusern und Ferienwohnungen in Ferienhausgebieten nach Maßgabe des § 564 b Abs. 7 Nr. 4 BGB und

Wohnraum, den eine juristische Person des öffentlichen Rechts zweckbestimmt nach Maßgabe des § 564 b Abs. 7 Nr. 5 BGB angemietet hat. Hinsichtlich von Wohnraum der in § 556 a Abs. 8 BGB in Verbindung mit § 564 b Abs. 7 BGB bezeichneten Art gilt jedoch, daß für Streitigkeiten wegen Überlassung, Benutzung oder Räumung dieses Wohnraums (vgl. oben) die sachliche Zuständigkeit des Amtsgerichts sich aus § 23 Nr. 2 a GVG ergibt, da diese Vorschrift eine Ausnahme wie in § 29 a Abs. 2 ZPO nicht aufweist. Die örtliche Zuständigkeit bestimmt sich bei den bezeichneten Räumen allgemein nach §§ 1 ff. ZPO.

285 Für die **Berufung** gegen die Urteile des Amtsgerichts in Wohnraummietsachen ist die Zivilkammer des jeweils übergeordneten Landgerichts zuständig, § 72 GVG. Die Berufungssumme bei vermögensrechtlichen Streitigkeiten beträgt DM 1200.-, § 511 a ZPO. Als Sonderregelung für Ansprüche aus Wohnraummietverhältnissen gilt nach § 511 a Abs. 2 ZPO, daß die Berufung bei Streitwerten unter DM 1200.- auch stattfindet, wenn das Amtsgericht in einer Rechtsfrage von einer Entscheidung eines Oberlandesgerichts oder des Bundesgerichtshofes abgewichen ist und die Entscheidung auf der Abweichung beruht.

10.1.2 Zuständigkeit bei Gewerberaummietverhälntissen

286 Im Gegensatz zur **ausschließlichen** Zuständigkeit bei Wohnraummietverhältnissen bestimmt sich die Gerichtszuständigkeit bei Gewerberaummietverhältnissen nach den allgemeinen Vorschriften der ZPO und des GVG. Wichtig ist, daß es sich hier nicht um ausschließliche Zuständigkeiten wie im Falle des § 29 a ZPO handelt, sondern daß sowohl hinsichtlich der sachlichen als auch hinsichtlich der örtlichen Zutändigkeit Vereinbarungen der Parteien zulässig sind.

Hinsichtlich der **sachlichen** Zuständigkeit ergibt sich die Zuständigkeit des Amtsgerichts aus § 23 GVG, des Landgerichts aus § 71 GVG.

Damit ist das **Amtsgericht**, was Gewerberaummietverhältnisse betrifft, zuständig für Forderungsklagen und sonstige vermögensrechtliche Ansprüche bis zu einem Streitwert von DM 6000.-, weiter ohne Rücksicht auf den Wert des Streitgegenstandes für Streitigkeiten zwischen Vermieter und Mieter oder zwischen Mieter und Untermieter wegen Überlassung, Benutzung oder Räumung bzw. Herausgabe, sowie wegen Zurückhaltung der von dem Mieter in die Mieträume eingebrachten Sachen.

Nicht gilt § 23 GVG für Klagen auf Mietzins, Schadensersatz aus Mietvertrag und Feststellungsklagen auf Bestehen oder Nichtbestehen eines Mietvertrages, soweit der Streitwert über 6000.- beträgt.

287 Das **Landgericht** ist sachlich zuständig, soweit das Amtsgericht nicht zuständig ist, § 71 Abs. 1 GVG.

Für die **örtliche** Gerichtszuständigkeit bei Gewerberaummietverhältnissen gelten die Gerichtsstandsbestimmungen der §§ 12 ff. ZPO. Hiernach ist eine Person gemäß §§ 12, 13 ZPO an dem Gericht ihres Wohnsitzes zu verklagen, falls nicht für die Klage ein ausschließlicher Gerichtsstand begründet ist. Der Gerichtsstand juristischer Personen wird durch ihren Sitz bestimmt, § 17 ZPO. Die Zulässigkeit einer Gerichtsstandsvereinbarung bestimmt sich nach § 38 ZPO. Voraussetzung ist, daß die Parteien Vollkaufleute sind. Generell wird die Zuständigkeit eines Gerichts des ersten Rechtszuges infolge rügeloser Verhandlung nach § 39 ZPO begründet.

10.1.3 Zuständigkeit bei Wohnungen innerhalb der Europäischen Gemeinschaft

288 Nach Art. 16 Nr. 1 des EWG - Übereinkommens über die gerichtliche Zuständigkeit und die Vollstreckung gerichtlicher Entscheidungen in Zivil- und Handelssachen i. d. F. vom 9.10.1978 sind für Klagen, die die Miete oder Pacht von unbeweglichen Sachen zum Gegenstand haben, die Gerichte des Vertragsstaats ausschließlich zuständig, in dem die unbewegliche Sache belegen ist. Ein deutscher Gerichtsstand kann dann, wenn die Immobilie in einem anderen EG-Land gelegen ist, weder durch Vereinbarung noch durch rügelose Einlassung begründet werden. Die internationale Zuständkeit ist von Amts wegen zu berücksichtigen. Die ausländische Zuständigkeit ist z. B. auch dann zu berücksichtigen, wenn in der Bundesrepublik Deutschland Verträge über die - auch kurzfristige - Überlassung von Ferienhäusern und Ferienwohnungen geschlossen werden, und zwar auch, wenn beide Parteien in der Bundesrepublik leben (str.).

10.1.4 Gerichtszuständigkeiten in den neuen Bundesländern

289 Hinsichtlich des Landes Berlin gilt, daß mit dem Beitritt der neuen Bundesländer die Gerichtszuständigkeit des bisherigen West-Berlins auf den Teil Berlins erstreckt wurde, in dem das Grundgesetz bisher nicht galt. Hinsichtlich der übrigen Länder der ehemaligen DDR, also der Länder Brandenburg, Mecklenburg-Vorpommern, Sachsen, Sachsen-Anhalt und Thüringen gilt, daß die ordentliche Gerichtsbarkeit durch Kreisgerichte und Bezirksgerichte ausgeübt wird. In bürgerlichen Rechtsstreitigkeiten, also auch Mietsachen, gilt, daß das Kreisgericht einheitliches Eingangsgericht für alle Sachen ist, die sowohl den Amts- als auch den Landgerichten im ersten Rechtszug übertragen sind.

Das **Kreisgericht** ist damit für Wohnraum- und Gewerberaummietsachen ohne Rücksicht auf den Wert des Streitgegenstandes zuständig. Die zwingende Zuständigkeit des § 29 a ZPO gilt natürlich auch hier, sie wirkt sich allerdings nur bei der örtlichen Zuständgkeit aus. Das Kreisgericht entscheidet grundsätzlich durch den Einzelrichter.

Das **Bezirksgericht** ist Rechtsmittelinstanz für Berufungen und Beschwerden gegen die Entscheidungen des Kreisgerichts. Das Bezirksgericht entscheidet durch Zivilsenate, besetzt mit drei Richtern, und zwar als Landgericht, soweit das Kreisgericht anstelle des Amtsgerichts, als Oberlandesgericht, soweit das Kreisgericht anstelle des Landgerichts entschieden hat. Soweit das Landgericht abschließend entscheidet, gilt dies auch für das Bezirksgericht, so also in Wohnraummietsachen.

10.2 Besonderheiten im Räumungsprozeß

10.2.1 Der Räumungsprozeß als Feriensache

290 Nach § 199 GVG beginnen die Gerichtsferien am 15. Juli und enden am 15. September. Während der Gerichtsferien werden nur in Feriensachen Termine abgehalten und Entscheidungen erlassen. Nach § 200 Abs. 2 Ziff. 4 GVG sind u. a. Streitigkeiten zwischen Vermieter und Mieter oder Untermieter von Wohnräumen und anderen Räumen Feriensachen. Das bedeutet, daß diese Prozesse kraft Gesetzes auch in den Gerichtsferien fortzuführen und zu entscheiden sind.

10.2.2 Klage auf künftige Räumung

291 Grundsätzlich kann eine Klage auf eine Leistung, die noch nicht fällig ist, keinen Erfolg haben. Eine Ausnahme bilden die §§ 257–259 ZPO. Nach § 257 ZPO kann Klage auf künftige Räumung von Räumen, die nicht Wohnraum sind, vor Ablauf der Kündigungsfrist erhoben werden, wenn die Geltendmachung des Anspruchs, wie allgemein vertraglich geregelt, an den Eintritt eines Kalendertages geknüpft ist.

Bei der Räumungsklage, Wohnraum betreffend, ist die Klage nur dann begründet, wenn nach den Umständen des Einzelfalls die Besorgnis gerechtfertigt ist, daß der Mieter nicht rechtzeitig räumen werde. Diese Besorgnis kann sich daraus erklären, daß der Mieter seine Räumungsverpflichtung bestreitet, erklärt, daß er nicht räumen werde oder Kündigungswiderspruch erhebt. Erhebt der Mieter keinen Kündigungswiderspruch, sondern äußert sich lediglich ausweichend, muß der Vermieter das Ende der Kündigungsfrist abwarten. Die vorher erhobene Klage wäre unbegründet.

10.2.3 Fortsetzung des Mietverhältnisses nach der Sozialklausel, Räumungsfrist und Räumungsschutz

292 Die Anwendung der **Sozialklausel** der §§ 556 a–c BGB setzt einen Kündigungswiderspruch voraus, der schriftlich erfolgen muß und bis spätestens zwei Monate vor Beendigung des Mietverhältnisses dem Vermieter zugehen muß. Hat der Vermieter den Hinweis auf die Widerspruchsmöglichkeit und deren Modalitäten unterlassen, so verlängert sich die Frist bis zum ersten Termin des Räumungsverfahrens. Hinsichtlich der Einzelheiten wird auf die Ausführungen unter Rz. 233–236 verwiesen.

Falls sich Mieter und Vermieter über die Fortsetzung des Mietverhältnisses nicht einigen, kann über die Fortsetzung durch Urteil im Räumungsprozeß entscheiden werden. Auf die Ausführungen unter Rz. 235 wird Bezug genommen. Wichtig ist, daß § 308 a ZPO eine Ausnahme von dem Grundsatz macht, daß das Gericht nicht befugt ist, einer Partei etwas zuzusprechen, was nicht beantragt ist, § 308 ZPO. Nach § 308 a ZPO ist das Gericht nämlich auch ohne Antrag verpflichtet, die Fortsetzung des Mietverhältnisses, deren Dauer und gegebenenfalls eine Änderung der Vertragsbedingungen auszusprechen, falls der Mieter nach den §§ 556 a, 556 b BGB die Fortsetzung verlangen kann. Voraussetzung ist, daß der Mieter den Kündigungswiderspruch erhoben hat, die Erhebung einer Widerklage durch den Mieter ist nicht notwendig, Klageabweisungsantrag genügt. Das Gericht ordnet gegebenenfalls nach Anhörung der Parteien die Verlängerung des Mietverhältnisses auf bestimmte oder auf unbestimmte Zeit sowie eine Veränderung der bisherigen Vertragsbedingungen an. Der Ausspruch über die Verlängerung des Mietverhältnisses ist nach § 308 a Abs. 2 ZPO selbständig mit der Berufung anfechtbar.

293 Nach § 721 ZPO kann das Gericht, wenn es zur Räumung von Wohnraum verurteilt, auf Antrag oder von Amts wegen eine den Umständen nach angemessene Räumungsfrist gewähren. Die Vorschrift dient dem

Schuldnerschutz und soll dem Mieter die Suche nach einer Ersatzwohnung und einen zwangfreien Umzug ermöglichen. Die Räumungsfrist darf ein Jahr ab Rechtskraft des Urteils oder ab dem Tag einer künftigen Räumung nicht übersteigen. Keine Räumungsfrist kann nach § 721 Abs. 7 ZPO nach Beendigung eines Mietverhältnisses über Wohnraum in Ferienhäusern und Ferienwohnungen in Ferienhausgebieten, sowie über den von einer juristischen Person des öffentlichen Rechts angemieteten und Dritten überlassenen Wohnraum nach § 564 b Abs. 7 Nr. 4 und 5 BGB gewährt werden. Dasselbe, also keine Räumungsfrist, gilt bei Beendigung eines Zeitmietverhältnisses nach § 564 c Abs. 2 BGB. Nach § 721 Abs. 6 ZPO ist gegen Räumungsurteile, soweit sich das Rechtsmittel lediglich gegen die Versagung, Gewährung oder Bemessung einer Räumungsfrist richtet, die sofortige Beschwerde binnen einer Notfrist von zwei Wochen, § 577 Abs. 2 ZPO, gegeben.

Wurde zwischen den Parteien ein gerichtlicher Räumungsvergleich geschlossen, so kann das örtlich zuständige Amtsgericht dem Schuldner auf Antrag eine angemessene Räumungsfrist bewilligen, § 794 a ZPO. Die Frist darf ein Jahr, gerechnet vom Abschluß des Vergleiches, bzw. dem im Vergleich vereinbarten Räumungstermin, nicht überschreiten.

294 Zu unterscheiden von der Gewährung einer Räumungsfrist ist die Gewährung von Räumungsschutz nach § 765 a ZPO. Hier handelt es sich um eine allgemeine Härteklausel, zuständig ist nicht wie im Falle einer Räumungsfrist das Prozeßgericht, sondern das Vollstreckungsgericht. Bedeutet die Vollstreckungsmaßnahme für den Schuldner eine Härte, die mit den guten Sitten nicht vereinbar ist, kann das Vollstreckungsgericht die Zwangsvollstreckung aufheben, untersagen oder einstellen. Die Voraussetzungen des Räumungsschutzes sind von denen für die Gewährung einer Räumungsfrist zu unterscheiden.

10.3 Beweislastregeln im Mietprozeß

10.3.1 Allgemeine Regel

295 Der Geschädigte, z. B. der Vermieter im Falle einer Vertragsverletzung des Mietverhältnisses, bzw. der Anspruchssteller, z.B. der Vermieter, der vom Mieter die Zustimmung zu einer Mieterhöhung oder die Räumung einer Wohnung verlangt, oder der Mieter, der vom Vermieter die Durchführung von Erhaltungsmaßnahmen fordert, hat die objektiven und subjektiven Voraussetzungen seines Anspruchs zu beweisen. Für Umstände, die das Bestehen des geltendgemachten Anspruchs ausschließen, ist jedoch die andere Seite beweispflichtig. Im Räumungsrechtsstreit nach fristloser Kündigung des Mietverhältnisses wegen Zahlungsverzug nach § 554 BGB muß der Vermieter lediglich den Zahlungsverzug darlegen, der Mieter muß die Erfüllung beweisen.

10.3.2 Beweislast im Mietminderungsprozeß

296 Der besonders komplexe Prozeß wegen Minderung des Mietzinses erfordert eine eigene Darstellung. Es wird auch auf Rz. 129 Bezug genommen. Der Prozeßverlauf stellt sich typischerweise so dar, daß der Mieter, der sich zur Minderung berechtigt fühlt, die Zahlung des Mietzinses ganz oder teilweise einstellt und der Vermieter Zahlungsklage auf Zahlung des einbehaltenen Betrages erhebt.

Der **Mieter** hat zu beweisen:

- das Vorliegen eines Fehlers der Räume, der nicht nur eine unerhebliche Minderung der Tauglichkeit zum vertragsmäßigen Gebrauch bedeutet, § 537 Abs. 1 Satz 2 BGB,
- ein etwaiges arglistiges Verschweigen eines Mangels durch den Vermieter bei Übernahme der Räume, §§ 539, 460 BGB,
- eine Reparaturzusage durch den Vermieter, die dem Vorbehalt des Minderungsrechts gleichsteht,
- die Annahme der Räume unter Vorbehalt, § 539 BGB,
- die Rechtzeitigkeit der Absendung der Mängelanzeige nach § 545 BGB,
- daß der Vermieter auf andere Weise als durch eine Mängelanzeige von einem Mangel Kenntnis erhalten hat,
- das Vorliegen einer zugesicherten Eigenschaft, § 537 Abs. 2 BGB,
- daß ein Mangel der Räume nicht vom Mieter verursacht und verschuldet worden ist, wenn nur eine Herkunft der Schadensursache aus dem seiner unmittelbaren Einflußnahme, Herrschaft und Obhut unterliegenden Bereich in Betracht kommt,
- daß der Mieter einen Mangel, für den sein Verhalten ursächlich ist, trotz aller zumutbarer Maßnahmen nicht hat vermeiden können.

297 Der **Vermieter** hat zu beweisen:

- eine unerhebliche Minderung der Tauglichkeit, § 537 Abs. 1 Satz 2 BGB,

- die Kenntnis oder grobfahrlässige Unkenntnis des Mangels durch den Mieter bei Vertragsabschluß, § 539 BGB,
- daß ein - feststehender - Mangel vom Mieter zu vertreten ist, falls offen ist, ob der Mangel auf die Bausubstanz oder das Verhalten des Mieters (Heizen, Lüften) zurückzuführen ist,
- einen Hinweis auf einen Bauwerksmangel, aufgrund dessen besondere Vorsichtsmaßnahmen des Mieters erforderlich und auch zumutbar sind, um dessen Mitverschulden an der Mangelentstehung auszuschließen.

10.3.3 Beweislast im Prozeß wegen Modernisierung

298 Zu unterscheiden ist zwischen dem Prozeß wegen Duldung einer Modernisierungsmaßnahme nach § 541 b BGB und wegen Mieterhöhung nach Durchführung von Modernisierungsmaßnahmen nach § 3 MHG.

Hinsichtlich der Duldungsklage gilt folgende Beweislastverteilung:

Der **Vermieter** hat die Voraussetzungen des Duldungsanspruchs und den Umstand zu beweisen, daß durch die Maßnahme der „allgemein übliche Zustand" herbeigeführt wird.

Der **Mieter** ist für das Vorliegen einer nicht rechtfertigenden Härte beweispflichtig.

Hinsichtlich der Mieterhöhungsklage nach § 3 MHG gilt folgendes:

Der **Vermieter** hat alle Voraussetzungen des Erhöhungsrechts zu beweisen, das Nichtvorliegen von Instandhaltungsaufwand sowie den erfolgten Hinweis nach § 3 Abs. 2 MHG.

Der **Mieter** ist beweispflichtig dafür, daß bestimmte Kürzungsbeträge durch den Vermieter nicht abgezogen worden sind.

299 *10.3.4 Beweislast im Prozeß wegen Umlegung von Betriebskosten.*
Es wird auf Rz. 176 verwiesen.

10.4 Die einstweilige Verfügung im Mietprozeß

10.4.1 Allgemeine Grundsätze

300 Einstweilige Verfügungen dürfen nur zur Regelung eines einstweiligen Zustandes in Bezug auf ein streitiges Rechtsverhältnis erlassen werden. Darzulegen und glaubhaft zu machen ist, daß der Anspruchsteller auf die sofortige Erfüllung dringend angewiesen ist. Die einstweilige Verfügung dient zur Abwendung wesentlicher Nachteile.

10.4.2 Einzelfälle

Möglich ist der Erlaß einer einstweiligen Verfügung z. B. in folgenden Fällen: **301**

Einstweilige Verfügungen betreffend die **Besichtigung** gemieteter Räume sind möglich, falls ein Besichtigungsanspruch gegeben ist, zur Schadensbeseitigung sofortiges Handeln notwendig ist und der Mieter die Besichtigung verweigert.

Ein Anspruch auf einstweilige Verfügung bei Gefährdung des **Vermieterpfandrechts** besteht, wenn der Mieter dem Pfandrecht unterliegende Sachen aus den Mieträumen wegschafft. Der Vermieter hat hier allerdings auch das Selbsthilferecht des § 561 BGB. **302**

Im Rahmen des Verfahrens auf Duldung einer **Modernisierung** ist in aller Regel kein Anspruch auf Erlaß einer einstweiligen Verfügung gegeben, da es an der - objektiv vorliegenden - Dringlichkeit fehlt, die der Vermieter in diesen Fällen selbst herbeigeführt hat. Der Mieter kann jedoch seinen Vorschußanspruch nach § 541 b Abs. 3 BGB im Wege der einstweiligen Verfügung durchsetzen. **303**

Möglich ist eine einstweilige Verfügung zur Unterbindung nicht vom Mieter geduldeter und trotzdem in Angriff genommener Modernisierungsarbeiten.

Soweit es um die Duldung von **Erhaltungsmaßnahmen** geht, ist der Erlaß einer einstweiligen Verfügung nur dann möglich, wenn eine akute Gefahr für die Mietsache besteht.

Möglich ist der Erlaß einer einstweiligen Verfügung, falls der Vermieter verbotene Eigenmacht ausübt, so dem Mieter die Zufuhr von Gas, Strom, Wasser oder Heizungswärme unterbindet oder den Mieter trotz Nichtvorliegens eines vollstreckbaren Räumungstitels aus den Mieträumen aussperrt. Im ersteren Fall kann Beseitigung der Störung und die Unterlassung künftiger Störungen verlangt werden. Bei gewerblichen Mietverhältnissen ist die einstweilige Verfügung auf Räumung angemieteter Räume darüber hinaus unter den allgemeinen Voraussetzungen (siehe oben) zulässig. Zum Sonderfall Räumung von Wohnraum vergleiche unten 10.4.3 (Rz. 305). **304**

10.4.3 Sonderfall: Einstweilige Verfügung auf Räumung von Wohnraum

305 Für die Räumung von Wohnraum gilt die Sondervorschrift des § 940 a ZPO. Hier ist es notwendig, daß der Besitz, aufgrund dessen die einstweilige Verfügung beantragt werden soll, durch verbotene Eigenmacht erlangt sein muß. Ein weiterer Nachteil über das Vorliegen der verbotenen Eigenmacht hinaus muß nicht nachgewiesen werden. Zum Begriff der verbotenen Eigenmacht vgl. oben 10.4.2 (Rz. 304). In bestimmten Ausnahmefällen kann es jedoch erforderlich sein, trotz eines durch verbotene Eigenmacht erlangten Besitzes des Vermieters § 940 a ZPO nicht anzuwenden, wenn z. B. dem Vermieter durch den Mieter eine Gefahr für Leib oder Leben droht.

10.5 Streitwert im Mietprozeß

10.5.1 Grundsatz

306 Zu unterscheiden ist zwischen dem Zuständigkeitsstreitwert, dem Rechtsmittelstreitwert und dem Gebührenstreitwert.

Der **Zuständigkeitsstreitwert,** von dem in vermögensrechtlichen Streitigkeiten die sachliche Zuständigkeit des Amtsgerichts oder des Landgerichts abhängt, vgl. oben Rz. 286, 287, wird durch den Streitgegenstand bestimmt, der sich nach dem Klageantrag richtet.

Der **Rechtsmittelstreitwert** richtet sich nach dem wertmäßigen Interesse des Rechtsmittelführers an der Abänderung einer gerichtlichen Entscheidung, der Beschwerde.

Der **Gebührenstreitwert** richtet sich nach dem Zuständigkeits- und Rechtsmittelstreitwert, soweit die §§ 14–20 Gerichtskostengesetz nichts anderes bestimmen.

307 Grundlegende Streitwertvorschrift ist § 3 ZPO, wonach der Streitwert vom Gericht nach freiem Ermessen festgesetzt wird. Nach § 5 ZPO werden mehrere in einer Klage geltend gemachten Ansprüche zusammengerechnet. Für den Zuständigkeitsstreitwert gilt, daß die Werte von Klage und Widerklage nicht zusammengerechnet werden, also nur der höhere Wert zählt. Weitere Streitwertvorschriften enthalten die §§ 4, 6–9 ZPO.

10.5.2 Einzelne mietprozessuale Streitwerte

308 Bei Klagen des Mieters auf Abrechnung von **Betriebskosten** ist der Streitwert mit einem Viertel des mutmaßlichen Zahlungsanspruchs anzusetzen.

Der Streitwert eines **Beweissicherungsverfahrens** ist nach dem Interesse des Antragsstellers an der begehrten Beweissicherung zu bestimmen, § 3 ZPO.

Der Streitwert der Klage des Mieters auf **Instandhaltung** oder **Instandsetzung** der Mieträume bemißt sich nach der anzunehmenden monatlichen Mietminderungsquote, berechnet auf drei Jahre, nicht nach den Mangelbeseitigungskosten. Das Landgericht Hamburg nimmt nur den Betrag der Minderung, berechnet auf ein Jahr als Streitwert an.

Der Gebührenstreitwert der **Mieterhöhungsklage** bestimmt sich nach dem Jahresbetrag des zusätzlich geforderten Mietzinses, § 16 Abs. 5 GKG.

309 Der Streitwert der Klage auf Rückzahlung einer **Mietkaution** bemißt sich nach der Höhe der Kaution einschließlich der zugewachsenen Zinsen aufgrund der Kautionsverzinsung. Bei der Feststellungsklage des Mieters, daß er zur Mietminderung berechtigt ist, wird der Streitwert entsprechend dem Feststellungsinteresse mit etwa 20 % Abschlag gegenüber einer entsprechenden Mietzinsleistungsklage bewertet. Die Klage auf Beseitigung von Feuchtigkeitsschäden wird mit dem dreifachen Jahresbetrag der monatlichen Mietminderungsquote angesetzt.

Der Streitwert der Klage auf Duldung einer **Modernisierungsmaßnahme** berechnet sich nach der durch die Maßnahme möglichen Mietzinserhöhung (Modernisierungszuschlag), berechnet auf ein Jahr.

310 Der Streitwert einer **Räumungsklage** entspricht dem Jahresmietzins, ohne die Kosten für Heizung und Warmwasser, § 16 Abs. 2 GKG.

Ein Antrag auf **Räumungsschutz** (Gewährung einer Räumungsfrist) wird entweder mit der dreifachen Monatsmiete oder mit der Hälfte der während der beantragten Räumungsfrist zu zahlenden Nutzungsentschädigung bewertet.

Beim Streitwert der Klage auf Erteilung der Erlaubnis zur **Tierhaltung** können entweder die in den Mietzins einzukalkulierenden Kosten für die zusätzliche Abnutzung der Wohnung durch das Tier oder der Differenzbetrag zwischen der Vermietung der Wohnung ohne und mit Berücksichtigung der Tierhaltung zugrundegelegt werden.

Der Streitwert der Klage, mit der der Mieter die Zustimmung des Vermieters zur **Untervermietung** herbeiführen will, bemißt sich nach dem Jahresbetrag des vom Mieter angebotenen Untermietzuschlages.

Literaturverzeichnis

Bartelmess: Zweites Wohnraumkündigungsgesetz – Miethöhegesetz, Werner-Verlag, Düsseldorf, 4. Aufl. 1989

Bub/Treier: Handbuch der Wohn- und Geschäftsraummiete, Beck-Verlag, München, 1. Aufl. 1989

Dunkl/Moeller/Baur/Feldmeier/Wetekamp: Handbuch des vorläufigen Rechtsschutzes, Rehm-Verlag, München/Münster, 2. Aufl. 1991

Emmerich/Sonnenschein: Miete, de Gruyter-Verlag, Berlin, New York 6. Aufl. 1991

Emmerich/Sonnenschein: Mietrecht, Schweitzer/de Gruyter-Verlag, Berlin, 2. Aufl. 1981

Köhler: Handbuch der Wohnraummiete, Vahlen-Verlag, München, 3. Aufl. 1988

Münchner Kommentar zum Bürgerlichen Gesetzbuch, Bd. 3/1, Schuldrecht Bes. Teil, C.H. Beck-Verlag München, 2. Aufl. 1988

Palandt: Bürgerliches Gesetzbuch, C.H. Beck-Verlag, München, 51. Aufl. 1992

Schmid: Die Vermietung von Eigentumswohnungen, Grundeigentum-Verlag, Berlin, 1. Aufl. 1984

Schmidt/Wetekamp/u. a.: Miet- und Wohnungsrecht – Texte und Erläuterungen (MieWo)(Loseblattkommentar), Luchterhand-Verlag Neuwied

Schmidt-Futterer/Blank: Mietrecht von A–Z, DTV/Beck,

Schmidt-Futterer/Blank: Wohnraumschutzgesetzte, C.H. Beck-Verlag, München, 6. Aufl. 1988

Sternel: Mietrecht, O. Schmidt-Verlag, Köln, 3. Aufl. 1988

Thomas/Putzo: Zivilprozeßordnung, C.H. Beck-Verlag, München, 15. Aufl. 1987

Wetekamp: Mietsachen, Rehm Verlag, München, 1. Aufl. 1990

Zöller: Zivilprozeßordnung, Dr. Otto Schmidt KG, Köln, 17. Aufl. 1991

Stichwortverzeichnis

(Die Zahlen beziehen sich auf die Randziffern)